연금술사의 언어술 101가지:
프라이빗 레슨

연금술사의 언어술 101가지:
프라이빗레슨

초판 1쇄 발행 2018년 5월 1일

지은이 GINIE.KIM, 이은자
펴낸이 장길수
펴낸곳 지식과감성#
출판등록 제2012-000081호

디자인 최예슬
편집 이현, 이다래, 이인화
교정 정혜나
마케팅 고은빛

주소 서울시 금천구 가산동 60-5 갑을그레이트밸리 B동 507호
전화 070-4651-3730~4
팩스 070-4325-7006
이메일 ksbookup@naver.com
홈페이지 www.knsbookup.com

ISBN 979-11-6275-109-1(13190)
값 15,000원

ⓒ GINIE.KIM, 이은자 2018 Printed in Korea

잘못된 책은 구입하신 곳에서 바꾸어 드립니다.
이 책의 전부 또는 일부 내용을 재사용하려면 사전에 저작권자와 펴낸곳의 동의를 받아야 합니다.

이 도서의 국립중앙도서관 출판예정도서목록(CIP)은 서지정보유통지원시스템
홈페이지(http://seoji.nl.go.kr)와 국가자료공동목록시스템(http://www.nl.go.kr/kolisnet)에서
이용하실 수 있습니다. (CIP제어번호 : CIP2018013182)

 홈페이지 바로가기

연금술사의 언어술 101가지:
프라이빗 레슨

GINIE. KIM | 이은자 지음

Alchemy Private lesson

대통령, 정치가, 성직자, 상위 1%의 리더와
세일즈맨은 연금술사의 언어를 사용합니다.
이제 마법의 언어를 레슨합니다.

목차

서문 8

| Lesson 1 | ✧ 연금술의 언어를 배워야 하는 이유 12
| Lesson 2 | ✧ 연금술의 언어는 무엇인가? 13
| Lesson 3 | ✧ 연금술의 언어는 무의식의 영역이다 15
| Lesson 4 | ✧ 왜 무의식 기술이어야 하는가? 16
| Lesson 5 | ✧ 연금술의 언어가 간접적이고 우회적인 이유 17
| Lesson 6 | ✧ 당신은 이미 연금술사이다 18
| Lesson 7 | ✧ 알고도 거부하기 힘든 연금술 언어 20
| Lesson 8 | ✧ 연금술의 언어는 대화 속에서 발휘된다 21
| Lesson 9 | ✧ 연금술의 언어 윤리의식 23
| Lesson 10 | ✧ 연금술사의 마음가짐 4가지 24
| Lesson 11 | ✧ 연금술사의 마음가짐 1 25
| Lesson 12 | ✧ 연금술사의 마음가짐 2 26
| Lesson 13 | ✧ 연금술사의 마음가짐 3 27
| Lesson 14 | ✧ 연금술사의 마음가짐 4 28
| Lesson 15 | ✧ 연금술 습득의 4단계 29
| Lesson 16 | ✧ 연금술 습득의 자세 1 30
| Lesson 17 | ✧ 연금술 습득의 자세 2 31
| Lesson 18 | ✧ 연금술 습득의 자세 3 32
| Lesson 19 | ✧ 연금술 습득의 자세 4 33
| Lesson20 | ✧ 연금술사의 성분 1 34
| Lesson 21 | ✧ 연금술사의 성분 2 36
| Lesson 22 | ✧ 연금술사의 성분 3 37
| | ✧ 연금술사의 다섯 가지 타입 38
| Lesson 23 | ✧ 연금술사의 성분을 알아야 하는 이유 43
| Lesson 24 | ✧ 셀프 타입 SELF TYPE 44
| Lesson 25 | ✧ 현상으로 나타나는 원인과 결과 54

Lesson 26	셀프 타입 SELF TYPE	55
Lesson 27	연금술사 질량의 법칙	65
Lesson 28	연금술사의 프레임	67
Lesson 29	타입 간의 역동성	69
Lesson 30	연금술사 성분 조율하기	84
Lesson 31	강력한 연금술사 체질 되기	85
Lesson 32	연금술 언어학	87
Lesson 33	연금술사의 호흡	88
Lesson 34	연금술사의 호흡 2	90
Lesson 35	부정적 감정을 없애는 레이저 코어	92
Lesson 36	언어술과 에너지	94
Lesson 37	언어의 힘 100 나타내기	95
Lesson 38	레이저 코어 진입하기	96
Lesson 39	에너지 테스트	99
Lesson 40	커뮤니케이션에 필요한 5가지 요소	101
Lesson 41	모션 맞추기	102
Lesson 42	목소리 맞추기	105
Lesson 43	상대 키워드 맞추기	107
Lesson 44	내용 크기 맞추기	109
Lesson 45	호흡 맞추기	111
Lesson 46	연금술 언어를 하기 전 준비 5가지 요소	113
Lesson 47	커뮤니케이션 법칙	114
Lesson 48	말하기는 목소리다	117
Lesson 49	말하기는 목소리다-억양 패턴 1	118
Lesson 50	목소리 억양 패턴 연습	119
Lesson 51	말하기는 목소리다-억양 패턴 2	120
Lesson 52	말하기는 목소리다-억양 패턴 3	121
Lesson 53	말하기는 목소리다-억양 패턴 4	122

Lesson 54	◇ 암시적으로 끼워 넣은 명령문 1	124
Lesson 55	◇ 암시적으로 끼워 넣은 명령문 2	125
Lesson 56	◇ 암시적으로 끼워 넣은 명령문 3	126
Lesson 57	◇ 선호하는 감각	127
Lesson 58	◇ 선호하는 감각언어 사용하기	129
Lesson 59	◇ 시각형 외향적 단서	131
Lesson 60	◇ 청각형 외향적 단서	132
Lesson 61	◇ 촉각형 외향적 단서	133
Lesson 62	◇ 감각단어 연습하기	134
Lesson 63	◇ 눈동자 움직임 전략	135
Lesson 64	◇ 눈동자 움직임 질문	136
Lesson 65	◇ 눈동자 움직임으로 감각 상태 알기	137
Lesson 66	◇ 시각적 기억감각 상태	138
Lesson 67	◇ 시각형에 맞는 멘트하기	146
Lesson 68	◇ 촉각형 멘트-시각형 멘트 순서대로 하기	156
Lesson 69	◇ 커뮤니케이션의 핵심	167
Lesson 70	◇ 연금술의 언어 특징 1	168
Lesson 71	◇ 연금술의 언어 특징 2	169
Lesson 72	◇ 연금술의 언어 특징 3	171
Lesson 73	◇ 연금술의 언어 특징 4	172
Lesson 74	◇ 삭제된 언어 패턴	174
Lesson 75	◇ 비교삭제 Comparison Deletion	178
Lesson 76	◇ 불특정동사 Unspecified Verd	181
Lesson 77	◇ 불특정 지시대상 unspecified referential index	184
Lesson 78	◇ 명사화 Nominalization	187
Lesson 79	◇ 왜곡 패턴	190

Lesson 80	원인과 결과 Cause-Effect	191
Lesson 81	마인드 리딩 Mind Reading	194
Lesson 82	수행자 상실문 Lost Performitive	197
Lesson 83	복합적 동의성 Complex Equivlence	200
Lesson 84	일반화 패턴	203
Lesson 85	보편적 일반화 Universal Quantifier	204
Lesson 86	양식 작동 Mniversal Ouantifier	207
Lesson 87	전제 Presuppositions	210
Lesson 88	부가의문문	213
Lesson 89	현재 경험 일치시키기	216
Lesson 90	예스 세트	219
Lesson 91	더블 바인더 Double Binder	223
Lesson 92	의문문형 진술문(간접 명령어) Conversational Postulate	226
Lesson 93	선택 제약 위반 Selectional Restriction Violation	229
Lesson 94	언어술의 수준을 높이려면	232
Lesson 95	마법의 언어술(중첩된 계단 언어)	233
Lesson 96	연금술 적용하기	249
Lesson 97	연금술의 질문들	250
Lesson 98	연금술 생활예문	251
Lesson 99	연금술사의 유령술	255
Lesson 100	연금술사의 길	259
✦✦✦✦✦	연금술사의 언어술 프로그램	260

서문

저는 연금술사, 마법사의 이미지를 가지고 있는 듯합니다.

실제 별명이기도 하고 누군가가 저의 이런 이미지에 대해 반박하는 사람은 한 번도 보질 못했습니다. 그래서일까요?

그에 맞는 연금술과 마법과 같은 능력을 갖고 싶었습니다.

현실적이지 않은 능력과 기술.

현실적이지 않은 마법과 같은 결과를 내고 싶었습니다.

연금술사가 연금술을 찾아 떠나는 여정처럼

마법사가 고급 마법을 얻기 위해 주술에 집중하는 것처럼,

세계 전역을 돌아다니며 유명하고 좋다는 세미나, 트레이닝, 훈련 등을 받으러 다녔습니다. 정신수양 관련, 자기계발 관련, 최면심리, 최면언어, 심리상담, 코칭, 종교수련법 관련, 양자언어학 관련 등 닥치는 대로 연금술과 마법을 탐닉해 나갔습니다.

일반적 상담이었지만 한 여고생이 중학교 때 따돌림으로 인한 트라우마로 말을 잘 못하는 것을 알게 됐습니다. 그냥 둘 수가 없어 도와주고 싶은 마음에 대화 속에서 최면으로 이끌어 5분 만에 해결한 일이 있는데 그것을 지켜 본 여고생의 친구가 제게 "혹시 마법사세요?"라며 신기해하더군요. 마법이 아니고서는 이런 일이 불가능하다며 놀라워했습니다.

오히려 제가 신기했던 건 전혀 상관없는 다른 곳곳에서 마법사라는 별명으로 불

리게 됐다는 것입니다. 비밀계약 엄수로 말 못 할 특수한 곳까지 많은 곳에서 마법을 부리기 시작했습니다.

그러다 어느 날 최면상담뿐만 아니라 다른 곳에서도 이러한 효과를 볼 수 있을까 궁금했습니다. 세일즈 현장에서, 마음에 들어 하는 이성에게, 협상에서, 상담에 적용하기 시작했고 놀라운 결과들이 일어나기 시작했습니다.

세일즈 현장에서는 업무파악도 제대로 안 된 첫 달부터 전국지사 2등을 차지했고 전화상으로 몇 분 만에 카드번호를 쉽게 받기도 했습니다. 이성에게 실제 이런 기법이 통할까 해서 했던 말이 성적인 상태로 바뀌어 대시해 와서 왜 그런 생각을 하냐며 물어보는 어이없는 일도 있었습니다. 제가 그런 상태를 만들어 놓고 말입니다. 이 정도까지 강력할지는 몰라서였습니다.

담당자가 없어 임시로 보낸 협상에서 전무후무한 높은 %(퍼센트)의 협상결과를 얻어 직무가 바뀌는 등, 무에서 유를 창조한다 하여 새로운 별명인 '연금술사'라는 닉네임을 얻게 됐습니다.

연금술이 강력하게 작동하여 신기하기도 했지만 무섭기까지 해서 한동안 사장시킨 채 지내기도 했습니다. 주로 코칭과 트레이닝을 하면서 느낀 점은 스스로 연금술사가 될 수 있는 탁월한 자질을 가지고 있으면서도 스스로 제약해서 상쇄시키는 것을 보고 안타까웠습니다.

여기 연금술사가 되어 원하는 결과를 낼 강력한 연금술의 언어를 공개합니다. 연금술의 언어는 단순히 말만 흉내 내서 얻는 기술이 아닙니다.

물론 언어적 기술도 포함되어 있습니다만 진정한 연금술사의 상태가 통합적으로 이루어질 때 연금술의 언어는 제 힘을 발휘하게 될 것입니다.

당신도 연금술사처럼 무에서 유를 얻듯, 마법과 같은 현실을 창조하시길 바랍니다.

연금술의 언어는 통합적 솔루션이다

연금술의 언어는 언어의 특성을 띠고 있어 언어적 요소로만 볼 수 있습니다. 하지만 연금술의 언어에는 언어학, 양자학, 심리학, 명리학, 최면학 등의 정수가 담겨있는 통합적 솔루션입니다. 왜냐하면 단순히 언어기술 몇 가지를 사용한다 해서 변화될 수 없기 때문입니다. 표면적으로는 언어이기에 대화최면의 요소인 밀턴언어가 두드러져 보이지만 실제로는 30%가 안 되는 비중을 차지합니다.

연금술사로서 자신과 사람들의 프레임을 이해해야 하며(20~30레슨)
원치 않는 환경과 상태에서도 평정심을 유지하고(34~35레슨)
스스로 부여했던 불순물을 언어에서 떼어내고 언어의 에너지를 감지하고(37~39레슨)
상대가 알지 못하는 무의식적 강력한 래포기술을 사용하고(41~46레슨)
목소리를 활용하여 유령 같은 암시의 메시지를 전달하고(49~57레슨)
상대의 감각 패턴의 비밀번호대로 전략을 갖추고(58~66레슨)
노출되는 상태를 활용하고(67~69레슨)
최면적 언어와 240여 개 상담법의 원리를 알게 되고(74~94레슨)
무의식을 활용한 마법 같은 대화법과 원하는 상태를 만들고(96레슨)
상대의 욕구적 의도를 파악하여 원하는 상태와 연결시키고(97~99레슨)
이 모든 것이 상황에 알맞게 발휘될 때 연금술의 언어는 빛을 발하게 될 것입니다.
당신도 연금술의 언어를 얻기 위한 여정에 참여하십시오.

연금술사의 언어술
101가지:
프라이벗 레슨

Alchemy Private lesson

Lesson 1

연금술의 언어를 배워야 하는 이유

언어, 즉 말하기는 무엇일까요?

어디에 포함되며 어느 만큼 영향을 끼칠까요?

아마 전부라고 해도 과언이 아닐 겁니다.

우리가 살아간다는 것은 커뮤니케이션이라 해도 무방할 것입니다.

가족과

친구와

이성 친구와

학교에서

동호회에서

직장에서

면접에서

협상에서

칭찬하고

권유하고

제안하고

설득하고

부탁하고

등등… 언어적, 비언어적인 모든 것을 포함합니다.

언어는 모든 것입니다.

연금술의 언어를 통해 상대의 주목을 끌고, 신뢰를 쌓고 강렬한 인상을 남기며 편안한 분위기를 만듭니다. 자신감을 갖습니다.

당신은 모든 것에 영향을 끼치는 파워풀한 기술을 익히고 싶지 않습니까?

연금술의 언어를 배워야 하는 이유. 너무나 분명합니다.

Lesson 2

연금술의 언어는 무엇인가?

연금술의 언어는 통합적이라 하나만을 지정할 수는 없습니다만 최면심리가 베이스인 최면언어의 비중이 상당히 높습니다.

최면적 요소의 언어가 전혀 새로운 언어로 되어 있는 특수한 언어라면 오히려 더 쉽게 배울 수 있는지도 모릅니다.

그냥 그 언어를 배우면 될 테니 말입니다.

한국 사람에게는 한국어로

일본 사람에게는 일본어로

독일 사람에게는 독일어로 대화하듯 모국어를 사용합니다.

최면을 하는 동영상을 봐도 특별한 행동이나 언어를 사용하지 않는 것같이 보이는데 최면이 걸립니다.

71~94레슨에서 최면적 요소의 연금술 언어에 대해 자세히 배우므로 이해를 돕기 위해 제한된 정의를 내리고자 합니다.

연금술의 언어는 '전략적 불명료하게 말하기'입니다.

일본에서 있었던 일로 노벨물리학상을 받은 한 수상자가 초등학교를 방문해 무직위로 소수에게 일반적 불명료한 칭찬을 하고,

몇 년 후 그 학생을 추적해 성적을 열람한 일이 있었습니다.

일반적 불명료한 칭찬은 예를 들면 이런 것입니다.

'당신은 특별한 사람입니다.'

'당신은 마음만 먹으면 할 수 있습니다.'

칭찬을 들은 학생은 노벨물리학상을 받은 대단한 사람이 자신에게만 칭찬을 한다 생각하고 스스로 '난 특별하고 마음만 먹으면 할 수 있어'라고 간주합니다. 칭찬을 받은 소수의 학생들은 평균 30% 이상으로 성적을 올렸습니다.

얼마 전 문재인 대통령이 북한의 레드라인에 대해서 구체적인 답변을 하게 됩니다. 그 뒤 정치적으로 엄청난 지탄을 받았는데 왜냐하면 '최고의 전략적 모호성을 유지' 해야 하는데 그렇지 못한 것에 부적절하다고 공세를 받은 것입니다.
구체적으로 선을 그었기 때문에 그 선 전까지는 허용한다는 말이 전제되어 있고 억제력의 영향을 끼치지 못했기 때문입니다.
이렇게 전략적 불명료 언어를 사용하면서 주의를 끌고 집중시키며 감정을 일으키게 하고 의도대로 방향을 이끄는 것이 연금술의 언어라 할 수 있습니다.

Lesson 3

연금술의 언어는 무의식의 영역이다

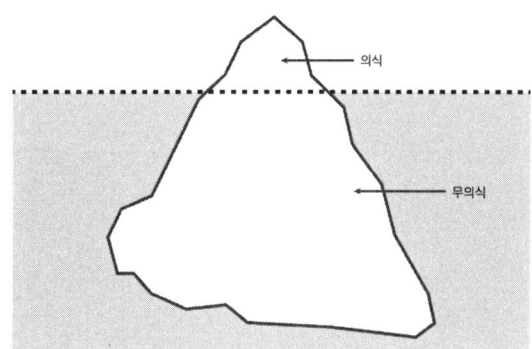

의식과 무의식의 영역으로 본다면 우리는 의식적인 영역밖에 인식하지 못합니다. 무의식의 영역은 인식하기가 어렵기 때문에 무의식적 기술을 사용한다 해도 의식적으로 인식하기가 어렵습니다. 혹여 안다고 해도 의식적 관점에서는 별 대수롭지 않게 생각을 합니다.

최면수업을 진행할 때에는 이론을 설명하고 시범을 보이는데
특정 음식을 당사자가 가장 싫어하는 것과 바꾸는 디이어트 최면시간이 있습니다.
라면 국물을 쥐 내장 터진 피로
떡볶이 국물을 피고름으로
커피 원두를 바퀴벌레로 바꾸는 삭업을 진행합니다.
이론을 할 때에는 의식적으로 받아들이기에 '과연 바뀔까'라고 생각하지만
실습을 한 후 무의식적으로 이루어진 결과를 받아들일 때에는 다들 놀라워합니다.
무의식의 기술은 유령의 기술이라고 하는 이유가 여기에 있습니다.

Lesson 4

왜 무의식 기술이어야 하는가?

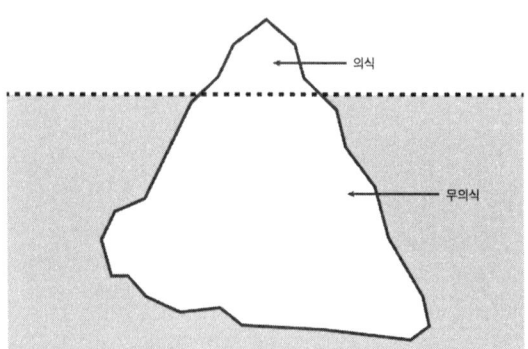

좋은 결과의 효용성을 가지려면 3%에 해당하는 영역을 공략하는 것과 97% 영역을 공략하는 것 중 효용적인 것은 어디일까요?

당연히 큰 부분의 97% 영역일 것입니다.

이 97%는 의식적으로 생각하고 행동의 원인이라는 메커니즘이자 제어를 받는 부분입니다. 그리고 연금술의 언어를 하는 데 있어 상대가 눈치챈다면 별 쓸모없는 것이 될 것입니다.

장담하건대 제가 누군가를 만나 20가지의 기법을 사용한다 해도 그 누구도 낌새조차 챌 수는 없을 것입니다. 일상의 대화 속에서 자연스럽게 사용되어야 하며 누군가 지켜보고 녹음을 해 둔다 해도 전혀 눈치챌 수 없어야 합니다. 이렇듯 통상적인 대화 속에서 이루어지는 것이고

당신 또한 이러한 테크닉을 원할 것입니다.

Lesson 5

연금술의 언어가 간접적이고 우회적인 이유

연금술의 언어가 간접적이고 우회적인 이유는 이 언어의 전신인 탄생배경과 연관되어 있습니다. 최면언어의 일종인 밀턴언어는 역사상 가장 유명한 정신과 의사이자 최면술사 밀턴 에릭슨 박사의 이름을 딴 간접최면 언어입니다. 에릭슨이 정신과 레지던트일 때 최면을 사용하면 의사 자격을 박탈되는 환경이었습니다. 최면을 할 수는 없었지만 최면을 하고 안 하고의 차이가 너무나 커서 티 나지 않게 마치 일반적인 대화하듯이 보이게 하기 위해 만들어졌습니다. 일명 현대최면이라 하고 애매함의 예술이라는 최면언어 밀턴모형이 탄생한 것입니다.

이전에만 하더라도 최면 자체가 특수계층의 소수만이 할 수 있었고 굉장한 권위를 가졌기 때문에 직접적이고 지시하고 명령하듯이 전해져 왔습니다.

직접적이고 지시적인 말을 들으면 마음속에 저항이 생깁니다.
더구나 요즘 같은 개인주의 시대에는 무리하게 설득하려고 할 때 거부반응을 일으키게 하므로 적합하지도 않습니다. 많은 연구가 거듭되면서 이제는 간접적 방법이 훨씬 효율적이라는 것이 분명해졌습니다.
전략적으로 '일반, 왜곡, 삭제화'된 언어를 사용함으로써 저항을 피하고 제3의 눈으로 전해 주는 것처럼 보이게 합니다.
직접적으로 지정하지 않았기에 부정하기가 어렵고 의도를 감춤으로써 암시나 강한 메시지의 영향력을 지니게 됩니다.
마치 본인 스스로 선택한 것 같은 생각이 들기 때문에 현대최면이고 불리는 이유이기도 합니다.

Lesson 6

당신은 이미 연금술사이다

연금술의 언어를 의식적으로 배워서 사용하는 사람들이 있는가 하면 배우지도 않고 연금술의 언어를 사용하는 사람들이 있습니다.
사용하는 정도가 아니라 능수능란하게 사용하여 압도적인 성과를 내기도 합니다.
최고의 연설가, 협상가, 변호사, 억대 이상의 세일즈맨, 유능한 리더, 정치인, 성직자들은 연금술의 언어로 연설하고 커뮤니케이션합니다.
이 책을 통해 배우면 알게 되지만 압도적인 성과를 내는 사람들의 언어를 분석하면 많은 부분에서 이 언어를 사용하고 있음을 알게 됩니다.
지난주 목사님 설교 중 어머니께서 감정에 북받쳐 눈물을 흘리셨는데 하나의 연금술 언어 모델을 반복적으로 사용하고 있었습니다.

우연히 억대 세일즈 강연자의 강연을 듣게 되었는데 세일즈 강연이 아닌 심리학적 최면언어 강의를 하는 게 아닌가 하는 착각이 들 정도였습니다.
꼭 훌륭한 성과를 내는 사람만 연금술의 언어를 사용하는 것은 아닙니다.
하루에도 각종 매장이나 음식점, 카페, 거리에서 영업하는, 원치 않는 텔레마케터의 전화에서도 순간순간 연금술에 가까운 언어를 듣게 됩니다.
그러면 '아~ 저 사람은 저렇게 사용하는구나' 하며 저 또한 아이디어를 얻거나 배우게 됩니다.

뉴스에서 수백 원대 판매 사기꾼의 부분 자료화면에서 100%에 가까운 연금술의 언어 사용을 보고 감탄(?)하기까지 합니다.

우리는 이미 연금술사입니다.

다만 자신이 그것을 사용하고 있다는 사실을 알지 못했고 의도적으로 사용할 줄을 몰랐을 뿐입니다. 당신은 이미 연금술의 언어를 사용해 왔고 지금도 하고 있으며 앞으로도 할 것입니다. 이제는 어떤 원리로 어떤 기법을 사용하는지를 알고 확장해 나가며 능숙하게 습득만 하면 됩니다.

그럼으로써, 더 나은 커뮤니케이터가 될 수 있습니다.

Lesson 7

알고도 거부하기 힘든 연금술 언어

연금술의 언어를 연구하고 교육하면서 주로 사용하는 편이라 반대로 걸리는 경우는 드뭅니다. 하지만 간혹 걸리게 되면 저조차 어찌할 바를 모르고 상대 패턴에 끌려가게 됩니다. 그럴 때면 오히려 기쁘기까지 합니다. 저도 모르게 함박웃음을 짓게 되고 상대에게 고맙기까지 합니다.
'이렇게도 사용할 수 있구나' 하는 감탄을 하게 됩니다.

우연히 길을 걷다 50% 할인해서 8천 원대 하는 화장품 토너를 보게 됐습니다. 때마침 토너가 떨어져서 매장에 들어가 8천 원대의 A토너를 들며(구입 확정하려는 멘트) 무심코 "이거 좋아요"를 내뱉었는데 그때부터 전 함박웃음을 지은 채, 연금술에 빨려 들어갑니다. 평범한 20대 초반의 여성 판매원의 첫 마디부터가 충격이었습니다.
관점 바꾸기, 진술의문문, 내장명령어, 더블바인더(앞으로 배우게 될 내용입니다)에 정신을 차릴 수가 없었습니다. 8천 원대 토너 하나 사러 들어갔다가 44만 원의 물건을 구매하고 나온 것이었습니다.

길거리 트럭에서 판매하는 과자에 눈 한 번 흘깃했다가 아주머니 말 한마디에 감탄하며 2봉을 구입한다든가. 음식점에 생각했던 음식들을 구매하러 갔지만 '다른 거는 구매하지 마!'(물론 판매원은 그런 의도가 없다)라고 내장 명령어로 말을 거는데 알면서도 거부할 수가 없습니다.
저조차 거부할 무엇을 찾지 못합니다. 그 상황을 깰 수가 없습니다.
마치 전교생이 좌향좌하는데 저만 우향우를 해야 하는 기분입니다.
제가 사람들에게 했었을 때에도 상대는 이렇게 느꼈을까? 하는 생각도 해 보게 됩니다. 알고도 거부할 수 없는데 모르는 상태에서 오죽할까? 라는 생각에 다시 한번 연금술 언어의 강력함을 알게 됩니다.

Lesson 8

연금술의 언어는 대화 속에서 발휘된다

연금술의 언어는 '간접최면' 또는 '대화최면'의 형태를 띠고 있습니다.

일상의 대화 속에서 자연스럽게 최면 상태의 수준으로 유도하는 언어 기법입니다.

연금술의 언어를 익히게 되면 최면언어, 양자언어학, 240여 가지의 상담 원리 등을 자연스럽게 터득하게 됩니다.

최면언어의 비중은 30%를 넘지 않지만 표면적으로 드러나는 언어모델이기에 최면적 요소의 언어로 크게 느낄 수 있습니다.

특히나 세계 최고의 최면술사이자 대화최면의 창시자인 밀턴에릭슨의 언어기법 또한 자연스럽게 터득할 것입니다.

밀턴에릭슨 박사는 '미국의학최면연합'의 창시자이기도 한데

사람들은 그를

'기적을 일으키는 의사'

'최고의 천재적인 의사'

'마법을 일으키는 의사'

'심리학 최면의 최고 권위자' 등

수많은 찬사를 보냈습니다.

미국의학협회에서는 설명이 되지 않는 이 마법의 언어를 인정하지 않았고, 에릭슨 박사의 의사 자격도 박탈하려 했지만 나중에는 정신과 분야에서 수여하는 거의 모든 상과 영예를 휩쓸게 됩니다.

이 언어를 배우기 위해 심리학자, 정신과학자, 언어학자, 커뮤니케이션 연구자들은 그를 끊임없이 찾아갔고 세계에서 모여드는 사람들로 가장 큰 컨벤션이 되기도 했습니다.

물론 그의 대화최면 기법을 공부하기 위해섭니다.

에릭슨 박사는 그가 만나는 거의 모든 사람을 최면 상태로 유도하는 능력을 지니고 있었습니다. 눈을 감기지 않고 그냥 대화를 하면서 말입니다.

당신도 그런 능력을 갖고 싶으신가요?

마법의 언어를 구사하고 싶으신가요?

그렇다면 '연금술의 언어'와 함께하길 바랍니다.

Lesson 9

연금술의 언어 윤리의식

연금술의 언어 커뮤니케이션은 97%에 해당하는 무의식을 자극함으로써 상대를 장악합니다. 무의식적으로 좋은 감정을 갖게 되면 의식적으로 그 감정을 통제하기 힘듭니다. 사람을 좋아하게 되는 것은 이치를 따질 수 있는 게 아니니까요.

미국에 주에 따라 이 기술. 이 자격을 갖춘 사람은 명함에라도 자격을 밝히지 않고 세일즈, 영업을 할 경우, 이유 상관없이 100% 환불, 법 제재까지 받을 수 있습니다. 무의식으로 다가가기 때문에 상대가 알 수 없고 증명할 수도 없기 때문입니다.

이 기술을 유혹에 적용시킨 트레이너는
이 기술은 누구와도 공유해선 안 된다고 했습니다.
이 기술은 너무나 강력해서 악한 사람이 사용하면 여자의 일생을 망쳐 놓을 수 있다고 신신당부할 만큼 강력한 기술입니다.

저의 경우 이 기술을 배울 때 윤리서약서를 썼습니다.
너무 강력한 기술이라 윤리에 어긋나게 사용할 경우
제명조치, 자격박탈이 된다는 서약서 말입니다.

연금술의 언어를 올바르게 사용해야 합니다.

Lesson 10

연금술사의 마음가짐 4가지

커뮤니케이션이란 사람들끼리 서로의 생각, 느낌을 전달하는 의사소통입니다.

우리는 커뮤니케이션을 하고 커뮤니케이션 없이 살아갈 순 없습니다.

이 마법의 언어를 배운다고 해서 내 욕심과 욕구를 채우는 데에만 사용한다면 커뮤니케이션의 기회를 더 잃을지도 모릅니다.

자신의 의사전달을 더 **효율적**이며 상대의 의도를 알아주는

윈 – 윈의 커뮤니케이션이 되길 바랍니다.

Lesson 11

연금술사의 마음가짐 1

상대의 세계관을 존중한다.

70억 명의 인구가 있다면 70억 개의 마음이 존재합니다.
그러므로 그 사람의 세계에선 그 사람의 말이 맞는 것입니다.
서로의 종교가 다르고
서로의 정치적 성향이 다르고
서로의 취향이 다르고
서로의 표현이 다르고
서로의 마음가짐과 탁월함이 다릅니다.

각자가 다 다른 경험을 했고 다른 신념을 가지고 있으며 다른 가치를 가지고 있습니다. 각자가 다 같은 경험을 했다고 하더라고 결과는 마찬가지입니다. 서로가 추구하는 생각, 신념, 가치, 행복 의도가 다른 것이지 어느 것이 더 우위에 선다는 것은 없습니다.
커뮤니케이션을 하기 위한 첫 번째는 척이 아닌 진정 상대의 세계관을 존중하는 것에서 시작됩니다.

Lesson 12

연금술사의 마음가짐 2

상대의 저항은 아직 불편함의 신호이다.

자신과 친하지 않은 사람을 떠올려 보세요.
성격은 괴팍하고 불친절하며 도저히 친해질 수 없는 사람일지라도
그 사람도 친구가 있고, 사랑하는 연인이 있으며 한 가정의 가장으로서
책임과 의무를 행하고 있습니다.
자신이 도저히 이해할 수 없는 사람이라 하더라도
그 사람은 그 사람 나름대로 친밀하게 교류하는 사람들이 있습니다.
나하고 맞지 않는 것뿐이지, 세상의 모든 사람과 맞지 않는 것이 아닙니다.

연인관계에서도 마찬가지입니다.
스킨십을 진행하려고 할 때에 상대가 거부한다면 아직 친밀함이 그만큼 형성된 것이 아닙니다. 남들이 한 달 만에 스킨십을 한다고 해도 상대가 6개월이 지나도 아니라면 아닌 것입니다.
그렇다면 상대를 설득시키기보다 좀 더 상대에게 관심을 가지고 정성을 쏟아야 합니다. 상대의 저항은 상대의 문제가 아니라 융통성 없었던 커뮤니케이션으로 받아들여야 합니다. 커뮤니케이션의 진정한 의미는 당신이 얻는 반응입니다.

Lesson 13

연금술사의 마음가짐 3

상대의 모든 행동과 말의 기저에는 긍정적인 의도가 있다.

전혀 생각 없이 하는 말이나 행동들 혹은
다른 사람에게 상처를 입히는 말이나 행동을 하는 행위까지도 긍정적인 의도가 있음을 알아야 합니다.
한 커플이 찾아와서 남자 친구의 단점을 헐뜯기 시작했습니다.
'얘는 금방 탄로 날 거짓말을 너무 한다'를 시작으로 10분은 계속해서 단점을 나열했습니다. 내용은 이렇습니다. 커플끼리 근교로 나갔는데, 커플자전거를 타자는 이야기가 나왔습니다. 사실 남자 친구는 자전거를 잘 타지 못했지만, 분위기를 망치고 싶지 않다는 마음 그리고 여자 친구에게 못난 모습은 보이고 싶지 않다는 의도로 "탈 수 있어"라고 말했던 것입니다. 여자 친구 입장에서는 금방 탄로 날 거짓말이었지만 남자 친구 입장에서는 실망시키고 싶지 않은 긍정적인 의도가 있었던 것입니다.

거리에 자전거가 지나갈 때 아이가 근처로 가면 아이의 엄마는 버럭 화를 내거나 짜증으로 "조심해야지" 하며 다그치기까지 합니다. 아이 엄마의 반응은 화와 짜증으로 나타났지만 의도는 '조심하고 안전해야지'라는 의도가 있는 것입니다.
무엇인가를 알리기 위한 외침, 위험을 떨쳐내기 위한 공격성, 안전함을 느끼기 위해 무언가를 숨기는 것이 될 수 있습니다. 겉으로 드러나는 말과 행동을 비난하고 공격하기보다는 상대의 숨겨져 있는 의도를 알아야 합니다.

Lesson 14

연금술사의 마음가짐 4

상대는 자신의 자원으로 최선을 다하고 있다.

자신의 생각에 아니, 아무리 객관적으로 생각해도 이해가 되지 않는 사람이 있을 것입니다. 그렇다면 그 사람을 생각하며 읊조려 보세요.

그도 나처럼 삶의 슬픔과 고통을 겪어 왔다.
그도 나처럼 자기의 원하는 것을 채우려 애쓰고 있다.
그도 나처럼 자기가 아는 대로 옳다고 울부짖고 있다.
그도 나처럼 자기 삶에서 고난을 피해 보려 하고 있다.
그도 나처럼 자기의 욕구를 충족시키려 하고 있다.
그도 나처럼 자기의 행복을 찾고 있다.
그도 나처럼 삶에 대해 배우고 있다.
그도 나처럼 자기의 부족한 자원으로 최선의 선택을 했다.

상담사나 라이프 코치분들이 해결하지 못하는 고객을 소개받는 경우가 있습니다. 그럴 경우, 작게는 30분 길게는 3회 만에 해결하기도 합니다.
그러면 주변 상담사나 고객 그리고 고객의 지인들은 저에게 찬사를 아끼지 않습니다. 하지만 과연 제 능력만으로 그런 일들을 할 수 있을까요?
엄청난 트라우마를 아주 짧은 시간에 처리한 것은 바로 고객이 트라우마를 처리할 자원이 있었기에 처리된 것입니다. 전 그저 고객의 자원을 활용하고 증폭시켰을 뿐입니다. 상대도 나처럼 자신의 자원으로 최선을 다하고 있음을 이해하고 발견하도록 노력해야 합니다.

Lesson 15

연금술 습득의 4단계

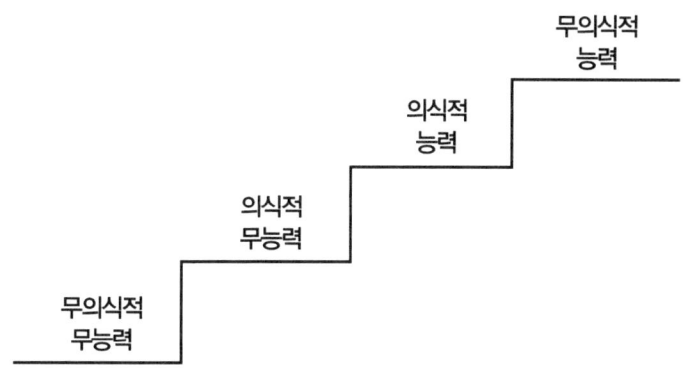

연금술의 언어를 몰라서 사용할 수 없는 단계

연금술의 언어를 알지만 사용 못 하는 단계

연금술의 언어를 알아서 의식적으로 사용할 때만 나타나는 단계

연금술의 언어를 의식하지 않아도 자연스럽게 드러나는 단계

연금술을 습득하기 위해서는 이 4가지 단계를 거치게 됩니다.

무의식적 능력으로 드러나기 위해 효율적인 습득의 자세 4단계를 참조하길 바랍니다. 그렇게 되면 친구, 연인, 가족, 면접, 세일즈, 직장에서 놀라운 경험을 하게 될 것입니다.

Lesson 16

연금술 습득의 자세 1

오직 피드백만 있다.

처음 최면언어를 배울 때 착실한 학생이었던 것 같습니다.
수업시간에 지나가는 말로 '이렇게 하면 좋다'를 그대로 실천했습니다.
예를 들면
'최면언어 21가지 모델이 다 들어간 문장 한 달 동안 만들기'
'작성한 최면언어 녹음해서 21일 동안 아침, 저녁으로 듣기' 등
그 외에도 아무도 하지 않는 과제 6가지를 빼놓지 않고 했습니다.
남들보다 열심히 준비하고 실습을 했지만 실제 현장에서는 쉽지가 않았습니다. 당황했고 바보 같았으며 한계에 부딪히는 경우도 있었습니다.
하지만 그럴수록 복기하고 가상 시뮬레이션을 돌리고 해답을 찾으려 하고 많은 시도를 했습니다. 챔피언이라고 해서 오직 성공만을 하지는 않습니다.

장인은 한 번의 실패 없이 될 수 있는 것이 아닙니다.
챔피언은 챔피언이 될 만큼 연습을 했고, 장인은 수많은 작품을 파괴하면서 장인의 작품이 나옵니다. 실패는 없습니다.
오직 좋은 결과를 위한 과정만이 있을 뿐입니다.

Lesson 17

연금술 습득의 자세 2

유연성을 발휘하라.

그리스 신화에 나오는 제우스신은 항상 만족할 줄 모르고 젊은 처녀들을 유혹합니다. 그는 일단 목표물을 정하면 상대방에게 매력적으로 보일 수 있는 모습으로 바꾸었습니다.
그것이 동물의 모습이든 사람의 모습이든 가리지 않았습니다.
우리가 알고 있는 신중에 신 제우스신조차 한낱 미물을 유혹할 때에도 상대가 원하는 모습으로 다가갑니다.

예전의 저는 최고의 기법을 찾아다녔습니다.
상담할 때엔 제가 아는 최고의 기법만을 사용하였습니다.
그렇게 승승장구하던 어느 날, 제가 아는 가장 강력한 기법 3가지를 쏟아부어도 해결하지 못한 상담이 있어 자괴감에 빠진 적이 있습니다.
계약한 회기는 마쳐야 했고 가장 센 기법은 다 사용했지만 어쩔 수 없이 제가 가진 기법을 상황에 맞게 상담을 진행하고 있었습니다. 그런데 그저 그렇다고 생각한 기법에서 해결이 돼 버린 것입니다.
실제에서 벌어지는 흔한 일입니다.
우리가 만나는 사람들은 가장 강력한 기법이라 할지라도 하나의 방법만으로 완성될 수 없습니다. 상대에 맞게 유연성을 발휘해야 합니다.

Lesson 18

연금술 습득의 자세 3

다양성을 발휘하라.

'연애를 글로 배웠냐'는 말이 있습니다.
이 말은 이론적으로는 맞지만 실제로는 맞지 않는다는 의미를 담고 있습니다. 이 책을 읽게 되면 효용성 높은 연금술의 언어를 알게 됩니다.
서핑을 배우는 데에 있어서 이론은 반나절 만에 알 수 있어도
파도에서 비로소 배울 수 있듯, 익숙하기까지는 시간이 필요로 하고 그럼에도 매번 휩쓸어 가는 새로운 파도들을 만나게 됩니다.

목적지를 가는 방법은 하나만 존재하는 것이 아닙니다.
항공, 철도, 자가용, 버스부터 고속도로, 국도 등 다양한 길이 존재합니다.
많은 기법과 언어모델에서 다양하게 설계하고 방법들을 구사할 수 있습니다. 물론 실습하고 배운 것을 현장에서 습득하고 터득하게 될 것입니다.
다양한 방법으로 직접 실행하면서 배우는 것이 효과적인 학습방법입니다.
다양성을 계속해서 발휘해야 합니다.

Lesson 19

연금술 습득의 자세 4

탁월성은 복제가 가능하다.

NLP(신경언어 프로그래밍)의 시초는 천재적인 3인의 테라피스트의 모델화하고 원리만 축출하는 데서 시작되었습니다. 일반인이 범접할 수 없는 천재적인 테라피스트의 원리를 모방하니 그와 같은 결과가 나오는 것이 증명되면서 세상에 나오게 됐습니다. 성공적인 성취의 원리를 모방함으로써 탁월성을 달성할 수 있습니다.

심리학자와 언어학자들은 언어가 어떻게 타인의 지각과 생각에 영향을 미치는지를 연구하며 알게 됐고, 구조와 세분화로 남에게 가르칠 수 있는 방법을 찾아냈습니다.
탁월성은 복제가 가능합니다.
당신은 복제할 수 있습니다.
당신은 습득할 수 있습니다.
이 책에 나와 있는 대로 따라 하고 모방하면서 당신은 달성할 수 있습니다. 올바르게 복제하십시오.

Lesson 20

연금술사의 성분 1

연금술사는 연금술로 무에서 유를 창조합니다.

당신도 무에서 유를 창조하며 살아가고 있습니다.

각자 자신에 달란트로 좋은 것이건 나쁜 것이건 말이죠.

누구는 그림으로

누구는 음악으로

누구는 운동으로

누구는 물질로

누구는 공부로

누구는 가치와 의미를 채우며 자신만의 연금술로 삶을 창조해 나가고 있습니다. 그런 의미에서 당신은 잠재적 연금술사입니다.

연금술의 차이로 결과 또한 큰 차이로 나타납니다.

단순히 기술, 기법, 언어술 몇 가지로 삶의 진정한 연금술을 발휘할 수는 없습니다.

그렇다면 연금술의 차이는 무엇이 만드는 것일까요?

인간은 크게 두 가지 힘으로 구성되어 있고 유형적인 부분과 무형적인 부분으로 나누어집니다. 유형적인 부분은 인간의 신체를 가리키며 과학은 인간이 17개의 화학 성분으로 구성되었음을 밝혀냈습니다.

산소 43kg

탄소 17kg

수소 7kg

질소 2kg

염소 170g

황 113g

칼륨 99g

나트륨 85g

불소 7g

마그네슘 57g

규소 43g

그 밖에 소량의 비소, 요오드, 알루미늄 등이 포함되어 있습니다.

인간이라면 그 누구도 예외가 될 수 없는 똑같은 화학성분으로 되어 있습니다. 무형적인 부분에서 인간은 큰 차이가 없습니다. 큰 차이를 만드는 것은 무형적인 이것으로 삶과 연금술의 질적 차이를 만듭니다.

Lesson 21

연금술사의 성분 2

인류는 수천 년 전부터 인간을 연구하고 인간의 유형을 정의하고자 했습니다. 어떠한 체질, 속성, 욕구, 성격, 심리적 요인 등 인간의 운명까지도 알고 싶어 했습니다. 그렇게 2,000년 동안 빅 데이터가 쌓이다 보니 5가지의 특성과 현상의 형태로 나타났습니다.

누구에게는 좋은 사람들과 함께하는 특성과 자아실현을 이루는 현상이

누구에게는 자신의 재능을 펼치는 특성으로 먹고사는 기술적 현상이

누구에게는 좋은 여성을 만나는 특성과 돈을 잘 버는 현상이

누구에게는 좋은 직장과 좋은 남자를 만나는 특성과 현상이

누구에게는 편안한 삶을 사는 특성과 도움을 계속해서 받는 인복으로 나타났습니다.

그렇다면 왜 이렇게 5가지의 특성과 현상으로 나타나는 것일까요?

바로 연금술사의 무형적인 요소 때문입니다.

이 무형적인 요소는 삶의 대부분을 차지하고 영향을 줍니다.

많은 철학자와 심리학자들이 우리 삶의 인생을 좌지우지하는 이것의 힌트를 주고 있습니다.

Lesson 22

연금술사의 성분 3

모든 사람의 운명은 자기 성격에 의해 만들어진다. - 네프스 -

성격은 사람을 안내하는 운명의 지배자이다. - 헤라클레이토스 -

생각이 바뀌면 행동이 바뀌고, 행동이 바뀌면 습관이 바뀌고
습관이 바뀌면 인격이 바뀌며, 인격이 바뀌면 운명이 바뀐다. - 윌리엄 제임스 -

운명을 불러들이고 만드는 성분이 있는데 그것이 바로 성격(성향)입니다.
일명 비운명적 요소라고 합니다.
자신의 성격의 기준에서 판단하고 결정하기 때문입니다.
왜? 수많은 직업에서 어떤 것에 관심이 있고 관심이 없는가?
왜? 수많은 남자 중에 하필 그 남자인가?
왜? 수많은 여자 중에 하필 그 여자인가?
왜? 그러한 호기심이 일어나는가?
왜? 안전함보다 도전을 하는가?
왜? 도전보다 안전함을 찾는가?
왜? 시간의 여유보다 물질의 여유를 추구하는가?
왜? 물질의 여유보다 시간의 여유를 추구하는가?
.
.
.

동양속담에 '성격이 팔자다'라는 말도 있습니다.
설문지에 나온 타입으로 당신은 어떤 현상의 영역에 있는지 대조해 보시길 바랍니다.

연금술사의 다섯 가지 타입

* 10점 만점에 7점 이상일 경우 체크하세요.
독자 여러분의 이해를 돕기 위해 자신의 타입을 알아보는
간단한 테스트를 해 보시기 바랍니다.

A
1. 나는 규칙을 알고 있지만 사람들이 내게 무엇을 하라고 지시하는 것을 좋아하지 않는다.
2. 자신의 성향 중 인생의 의미를 생각하는 비중이 크며 사색적이다.
3. 내 의견은 있지만 꼭 필요한 경우만 아니면 강하게 주장하지 않는다.
4. 앞에 나서거나 다른 사람과 경쟁하는 것을 그리 좋아하지 않는다.

B
1. 나는 독립적인 편이고 자기주장을 잘한다.
2. 상황에 정면으로 맞설 때 삶이 잘 풀린다고 느낀다.
3. 목표를 설정하고 그 일을 추진해 나간다.
4. 잘되어 가지 않는 것이 계속되면 신경질적으로 되며 화를 잘 내게 된다.

C

1. 평상시에는 온화하기 때문에 급격히 분노를 터뜨리는 경우가 드물다.
2. 표정이 크게 변화하지 않고, 냉정하고 무정하다는 이미지가 강하다.
3. 사회에 공헌하고 곤란에 처해 있는 사람들을 돕는 봉사 활동에 흥미를 갖고 있다.
4. 다른 사람을 보호하거나 약자를 지키려고 하는 다정함이나 동정심이 있다.

D

1. 긍정적으로 생활하며, 모든 일이 나에게 유리한 쪽으로 풀린다고 느낀다.
2. 나의 열정을 쏟을 수 있는 여러 가지 방법을 찾는다.
3. 사람들과 함께하고 사람들이 행복해지도록 돕는 것을 좋아한다.
4. 솔직하고 소박하며 자신의 생각이나 감정을 숨기지 않고 표출한다.

E

1. 책임감이 강하고 헌신적이다.
2. 내 의무를 다하지 못할 때 기분이 나쁘다.
3. 자신과 친한 사람이 무엇을 생각하고 있는가를 의식하고 있다.
4. 이따금씩 나는 사람들이 나를 알아주든 알아주지 않든 그들을 위해 큰 희생을 한다.

F

1. 속박받는 것이 싫고 나도 타인을 그다지 속박하지 않는다.
2. 목표가 정해져 있어도 좀처럼 움직이지 못하나 일단 움직이면 변경하기는 어렵다.
3. 실현될 수 없는 일에 대하여 공상을 많이 하는 편이다.
4. 누군가를 이용해서 자신이 원하는 바를 얻느니 차라리 없이 지내고 만다.

G

1. 은근히 자랑이 많다.
2. 어떤 것에 대해 강한 감정을 갖는다.
3. 세련된 표현이나 복장 등에 매우 신경을 쓰는 편이다.
4. 인생의 어두운 면에는 눈을 돌리지 않는 경향이 있으며 젊음을 잃는 것을 두려워한다.

H

1. 상황이 나쁘게 되어도 당황하는 법이 없고 그렇다고 해서 이내 대처하려고 하지도 않는다.
2. 일을 하거나 사적인 경우 다른 사람의 부탁을 받으면 거절할 수가 없다.
3. 질투심이나 독점욕과 같은 것을 강하게 느끼는 경우는 거의 없다.
4. 변화를 좋아하지 않는다.

I

1. 질투심이나 독점욕이 강하다.
2. 자신의 주변 사람들이나 사회를 비판하는 이야기를 하는 편이다.
3. 감정에 따라 사람을 대하므로 변덕을 부리는 편이다.
4. 사람들이 많이 모인 장소를 좋아하며 어떻게 하면 다른 사람들의 눈에 띨까 하고 생각한다.

J

1. 나는 이야기할 때 조용하게 잘 들어주며 긍정적으로 수용해 준다.
2. 이야기에 논리성이나 설득력이 있는 편이다.
3. 주제넘게 참견하지 않고 주위 사람들과 비슷한 생각을 갖고 있다.
4. '안타깝다', '피곤하다' 등 자신의 부정적 감정 표현을 많이 한다.

K

1. 명예가 없거나 돈을 적게 벌더라도 하고 싶은 일을 선택한다.
2. 주변 사람들이 특이하고 엉뚱하다고 한다.
3. 나만의 독특한 개성을 존중한다.
4. 누가 나의 의견에 반대하여도 감정이 상하지 않는다.

L

1. 거짓말이나 속임수는 자신에게나 타인에게도 허용할 수 있다.
2. 누군가가 자신을 이용하면 되갚아 주어야 한다고 생각한다.
3. 자신의 몫을 찾기 위해서는 논쟁도 불사한다.
4. 내 의견이 받아들여지지 않으면 화가 나서 언성을 높인다.

N

1. 책 읽는 것을 좋아하며 공부나 연구하는 것에 관심이 많다.
2. 주변 분위기에 표현하지 못하고 어쩔 수 없이 희생하는 경우가 많다.
3. 현실과 물질보다는 지식과 정신적 지혜를 선호한다.
4. 현명하고 침착하지만 냉정하다는 말을 자주 듣는다.

M

1. 자신이 받아야 할 관심을 다른 사람이 차지하는 것이 싫다.
2. 사람들이 자신에게 주목하고 자신을 보다 중요하게 여기기를 바란다.
3. 천진난만한 어린아이처럼 자신의 기분에 솔직하지만 제멋대로인 면도 있다.
4. 생각이 자주 바뀌고 동시에 여러 가지 행동을 하는 편이다.

O

1. 출세하기 위해서 필요하다면 약간의 거짓말을 할 것이다.
2. 내가 한 일에 대해서나 나를 평가하는 말에는 민감하다.
3. 타인을 배려하고 잘 돌보아 주는 편이다.
4. 타인의 요청을 거절하지 못하는 편이다.

셀프 타입	에너지 타입	헤브 타입	그룹 타입	휴머니즘 타입
A, F, K	D, I, M	B, G, L	E, J, O	C, H, N

체크한 알파벳 영역에 총합이 가장 높은 것을 타입으로 지정합니다.

Lesson 23

연금술사의 성분을 알아야 하는 이유

자신의 성분! 이제 결과지로 나타난 타입을 알아야 하는 이유는 크게 2가지입니다.

첫째, 자신과는 죽을 때까지 헤어질 수 없기 때문입니다.
자신을 알아야 하고 어떤 성향, 가치관, 강점, 리더십이
발휘되어 삶을 만들어 가고 있는지 원인의 구성성분을 알아야 합니다.

둘째, 모든 행운은 사람을 통해서 오며 불행의 원인도 사람을 통해서 오기 때문입니다. 99%가 인간관계이며 인간관계는 커뮤니케이션입니다.
커뮤니케이션은 의사소통 방식입니다.

오직 자신만의 관점과 방식으로만 접근한다면 똑같은 부분에서 반복된 갈등이 일어날 확률이 높습니다. 그렇게 되면 자신의 성장은 멈추게 되고 상대에 따라 결과가 좌지우지되는 수동적 환경에 놓이게 됩니다.
그렇기에 자신의 삶을 이루는 원인의 구성을 알고 상대를 이해하는 프레임을 넓히시기 바랍니다.

Lesson 24

셀프 타입 SELF TYPE
(좋은 사람들과 연결되는 현상과 자아실현을 이루는 영역)

GOOD ENERGY

행동이 자유로움

자신에게 긍정적, 낙관적

독창적인 사고능력

창의적이고 상상력과 아이디어가 풍부함

주관이 강해 남의 말에 쉽게 흔들리지 않음

자신만의 창의적 방법으로 표현함

자기 방식대로 조절하기 원함

상대의 인격과 권리를 존중

경쟁, 대입보다는 배려와 안녕을 바탕에 둠

공정한 분배, 협력관계, 친목 강조

BAD ENERGY

예측할 수 없는

되는 대로 방임하는

착하나 무능력함

금전 개념 약함, 실리에 어두움

자신이 싫어하는 것은 절대로 하지 않음

고립된 자기만족으로 착각의 상황에서 벗어나지 못함

행동이 따르지 않는 공상가로 도전하지 않는 망상

부정적 감정에 익숙함. 염세적, 공허를 잘 느낌

이상적인 상황을 찾아 현실과의 괴리감이 큼

실제적 재능을 확인하기 힘듦

* 자신과 특히 맞는 부분 **GOOD ENERGY, BAD ENERGY**에서 체크해 둡니다.

Lesson 24-2

에너지 타입 ENERGY TYPE
(재능을 발휘하는 현상과 재미있게 사는 인생의 영역)

GOOD ENERGY

재능 재주가 뛰어남

하고 싶은 일이 많고 하는 것을 좋아함

흥미로운 활동들과 경험들을 추구

사람들을 진심으로 잘 챙겨줌

표현을 잘하고 재미있게 함

어려운 상황의 해결 능력이 탁월하고 다재다능함

인정이 많고 관계에 성실하여 인맥 형성 잘함

남의 일을 자기 일처럼 돕고 대인 관계 폭넓음

사람들에게 개념 공유와 직접적인 교류로 인정받음

언변이 뛰어나며 재미있는 표현과 설득을 잘함

BAD ENERGY

싫증을 금방 느껴 끈기 부족, 책임감 약함

행동이 앞서 준비 없는 시작을 많이 함

불편함이 얼굴로 드러나거나 말로 표현함

대인 관계의 비중이 커서 일에 대한 집중력 분산

쉽게 산만하고 분산되어 한 곳에 집중하기 힘듦

여러 방향으로 에너지 쏟아 쓸데없는 곳에 자꾸 관심

뛰어난 재주가 있지만 일정한 직업에 종사 어려움

총명함을 변칙적으로 이용하려 함

조직문화를 개선하려는 기질을 보임

비기득권자의 편에 서서 기득권자를 불편하게 함

* 자신과 특히 맞는 부분 **GOOD ENERGY, BAD ENERGY**에서 체크해 둡니다.

Lesson 24-3

해브 타입 HAVE TYPE
(물질과 성취의 영역)

GOOD ENERGY

성공함으로 관심 얻기

이성에게 관심이 많고 표현함

원하는 이성을 차지하기 위해 원하는 것을 채워주려 함

물질적인 재산이나 지위, 일 등의 목표를 계속해서 달성하려 함

인내심과 집착이 강해 지구력 강함

운영이 뛰어나고 사업 수단 탁월함

직관적으로 알아차리는 능력

역경에 좌절하지 않고 진취적

효율적인 시간과 에너지의 경제성을 염두

지배하려는 속성이 강함

BAD ENERGY

성취를 위해 모든 것 희생

절제하지 못하는 과도한 생활, 중독에 빠짐

무엇을 더 해야 한다는 압박감, 성취 뒤의 허탈함

충동적으로 갑작스런 큰 지출, 금전 관리의 실수

속셈이 있는 계산된 친절, 타인을 배려하지 않는 이익

휴식만을 위한 휴식을 취하지 못함

이기적인 성격, 상대방에게 져 주지를 않음

자신의 생각을 상대에게 강요, 지시, 명령 지배적 성향 강함

타인의 눈에 좋게 보이는 것을 하려 함

가치관을 벗어난 행위

갖기 위해서 편법적인 경로를 선택하려 함

* 자신과 특히 맞는 부분 **GOOD ENERGY, BAD ENERGY**에서 체크해 둡니다.

Lesson 24-4

그룹 타입 GROUP TYPE
(명예와 안정의 영역)

GOOD ENERGY

사회성이 좋고 직장 상사에게 충성함

책임감이 강하고 성실함

집중력과 인내심이 탁월함

모범적이고 합리적임

끈기로 계속해서 노력함

사회적인 안정에서 명예를 얻으려 함

개인의 만족과 일의 인정을 원함

높은 퀄리티를 추구함

좋은 수동적 선택을 잘함

원하는 이성에게 잘 맞추어 줌

BAD ENERGY

타이틀에 치중함

자신의 속마음을 누름

너무 세심하고 예민하여 일을 처리하는 시간이 길고 피로

다른 사람에게 상처를 주고 싶어 하지 않기 때문에 거절을 못 함

지나치게 비위 맞추려 하거나 타인의 기대에 너무 열심히 노력함

회사 일에 많은 시간 할애, 자신의 시간 없음

나서지 않고 뒤에서 투덜거리다가 폭발함

좋은 의사 결정을 위해 생각과 지나친 근심 걱정을 많이 함

남자에게 많이 휘둘림

많은 남자에게 관심을 두어 마땅히 한 남자가 없음

* 자신과 특히 맞는 부분 **GOOD ENERGY, BAD ENERGY**에서 체크해 둡니다

Lesson 24-5

휴머니즘 타입 HUMANISM TYPE
(편안한 삶과 사람들의 도움을 받는 영역)

GOOD ENERGY

지적에너지 높음

정직하고 온화함

편안하고 안정적인 이미지

윗사람을 잘 섬기고 예의가 바름

윗사람을 기쁘게 하려 하므로 도움을 잘 받음

도움을 청하면 쉽게 도움을 줌

일관성이 높고 우호적이며 좋은 관계를 형성

자신을 내세우지 않고 기여함

갈등 없는 환경 유지를 위해 헌신함

삶의 의미와 가치를 중시함

BAD ENERGY

온화한 듯하나 우울함

열정이 없고 게으르고 나태함

마지못해 어쩔 수 없이 묶이는 희생

남의 요구에 따라 사는, 마지못해 양보해서 후회 많음

타인에게 의존하므로 불평불만 많음

나서지 못하고 부탁이나 기대함

지원받길 바라며 기대는 인생

기대, 의존으로 상대를 질리게 함

새로운 이념을 받아들이지 못하여 원칙과 규칙의 구속됨

감정을 억제, 표현하지 못하여 스스로 결정하기 힘듦. 실제 행동 어려움

* 자신과 특히 맞는 부분 **GOOD ENERGY, BAD ENERGY**에서 체크해 둡니다.

Lesson 25

현상으로 나타나는 원인과 결과

자신의 인생이 현실로 나타나는 현상에는 현상이 나타날 수밖에 없는 성격이 있습니다. 그 성격에 따라 좋게 나타나거나 좋지 않게 나타나는
GOOD ENERGY, BAD ENERGY로 구분하였습니다.

성격이 원인이 되어 결과로 현상이 나타났다면,
성격이 결과로 나타난 원인 성향이 있습니다.
바로 비운명적 요소인 성향입니다.
성향으로 인해 성격, 가치관, 강점, 사회에서 드러나는 리더십으로 나타납니다. 당신이 집중해야 할 것은 결과보다 결과를 만드는 원인들입니다.

Lesson 26

셀프 타입 SELF TYPE

성향 Tendency

사색적

독특함

이상주의

내면 성찰

존중과 공감

사려 깊은

가치관 Sense of value

독립성

자기계발

다양한 관점

육체적 건강

자기존중

강점 One's Strength

아이디어

발명 – 정신

결합 – 창의

개념화

리더십 Readership

비전 제시

자기 확신

삶의 균형

관계 구축

* 성향, 가치관, 강점, 리더십 키워드에서 주관적으로 70% 이상 해당하는 키워드를 선택하세요.

Lesson 26-2

에너지 타입 ENERGY TYPE

성향 Tendency

개척

열정적

새로움과 변화

선택에 개방적인

혁신과 다양성

다음 것 찾기

가치관 Sense of value

창조성

예술

기쁨

변화와 도전

인정

강점 One's Strength

네트워킹

미용 – 아름다움

홍보 – 마케팅

개척 – 훈련

미술 – 음악 – 디자인

리더십 Readership

혁신주도

설득력

적응력

전문가의식

* 성향, 가치관, 강점, 리더십 키워드에서 주관적으로 70% 이상 해당하는 키워드를 선택하세요.

Lesson 26-3

해브 타입 HAVE TYPE

성향 Tendency
소유욕

결과물

야심, 야망

솔직한

결단력

강력한 통제

가치관 Sense of value
결과

승리

지배

경제적인 안정

파급력

강점 One's Strength
구매 – 구입

조립

자산운영

금융 – 투자

리더십 Readership

문제해결

추진력

손익관리

성과지향

* 성향, 가치관, 강점, 리더십 키워드에서 주관적으로 70% 이상 해당하는 키워드를 선택하세요.

Lesson 26-4

그룹 타입 GROUP TYPE

성향 Tendency

안정

소속감

체계와 관례

원칙적인

성실, 수용

명예, 명령

가치관 Sense of value

명성

질서

권위

안정감

신뢰성

강점 One's Strength

분석 – 분류

시간 관리

판정 – 검토

요약 – 통계

리더십 Readership

책임감

성실성

위기대처

협동력

* 성향, 가치관, 강점, 리더십 키워드에서 주관적으로 70% 이상 해당하는 키워드를 선택하세요.

Lesson 26-5

휴머니즘 타입 HUMANISM TYPE

성향 Tendency

전통주의

이타주의

수용과 포용력

따듯하고 겸손

삶에 의미를 중시

학문과 인격 중시

가치관 Sense of value

공헌

내적 조화

지혜

존경

영성

강점 One's Strength

연구 – 개발

사회복지

종교 – 사학

전통계승

리더십 Readership

정보관리

철저한 확인

솔선수범

공정성

* 성향, 가치관, 강점, 리더십 키워드에서 주관적으로 70% 이상 해당하는 키워드를 선택하세요.

Lesson 27

연금술사 질량의 법칙

당신의 타입을 보니 어떤 생각이 드나요?

당신의 성향이 성격과 가치관, 강점, 리더십으로 나타나고

지금의 주변인들, 환경, 결과를 얻고 있습니다.

그것은 5가지의 특성과 현상의 범주에 속해 있고요.

당신이 가지고 있는 성향 즉 마음가짐의 총합이 100이라고 할 때

총합 100이라는 한계 속에서 타입의 %(퍼센트)가 나누어집니다.

당신의 타입적 성향은 자신만의 강한 개성과 강점으로 나타나지만 그렇기 때문에

문제를 일으키는 잠재적 원인이 되기도 합니다.

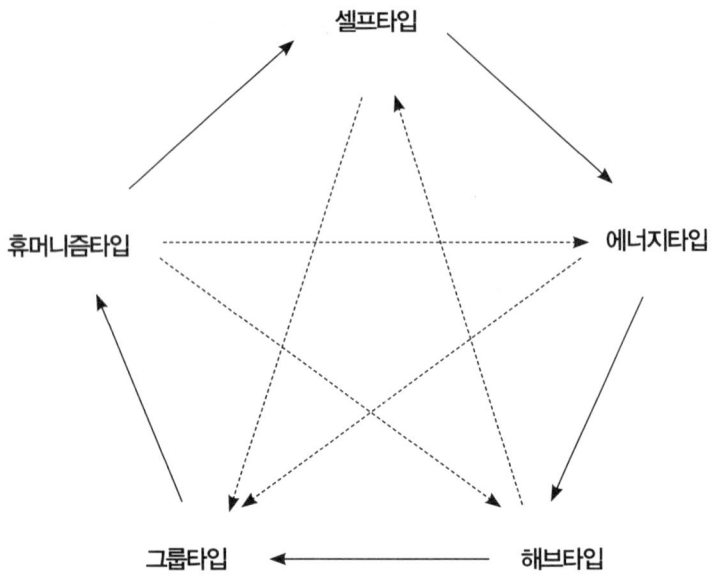

〈현상으로 나타나는 5가지 영역 관계〉

셀프 타입이 너무 강하게 드러날 경우 반대편의 타입이 약해집니다.

이상주의로 현실적인 부분들 사회생활, 금전적인 부분에서 약해집니다.

그룹 타입이 너무 강하게 드러날 경우 반대편의 타입이 약해집니다.

인생의 재미나 개인적인 생활이 빈약해집니다.

에너지 타입이 너무 강하게 드러날 경우 반대편의 타입이 약해집니다.

회사생활을 힘들어하고 인복의 도움을 받기 힘들어집니다.

휴머니즘 타입이 너무 강하게 드러날 경우 반대편의 타입이 약해집니다.

몸이 약해지거나 생활력이 떨어집니다.

해브 타입이 너무 강하게 드러날 경우 반대편의 타입이 약해집니다.

인성이 파괴되거나 마음의 여유를 갖질 못합니다.

Lesson 28

연금술사의 프레임

묻겠습니다!

인생을 즐겁고 신나게 사는 것

인생을 성취하며 부유하게 사는 것

인생을 안정적이며 명예롭게 사는 것

인생을 남을 도우며 가치 있게 사는 것

인생을 자유롭게 살며 만족하며 사는 것

어떤 생각과 삶이 정답일까요?

어떤 삶이 우선 되어야 할까요?

만약 삶의 정답이 남을 도우며 가치 있게 사는 삶이라면

남을 돕지 않고 인생을 성취하며 부유하게 사는 것은 불행일까요?

만약 삶의 정답이 안정적으로 명예롭게 사는 삶이라면

자유롭고 자신이 하고 싶은 일을 하는 것은 잘못된 것일까요?

만약 삶의 정답이 인생을 즐겁고 신나게 사는 삶이라면

자신의 주어진 역할을 하느라 책임과 의무의 삶은 틀린 것일까요?

생각과 삶의 정답은 없습니다.

자신의 자원으로 행복하기 위해 생각하고 노력하고 있을 뿐입니다.

우리가 인지해야 할 것은 각자의 생각과 관점이 달라 틀린 것처럼 느껴지는 것입니다.

5가지 영역 관계 표에서처럼 생각과 관점의 비중이 높은 영역으로 인해 반대 영역이 약하게 나타나는 것입니다. 당신은 많은 사람을 만나 삶의 영향을 받게 되고 연금술을 발휘해야 됩니다. 자신의 생각이나 삶이 조화롭지 못하고 자기 고집의 프레임으로 상대를 본다면 연금술은 아주 작은 부분에서만 힘을 발휘할 것입니다.
타입 간의 역동성을 보면서 이해와 인식을 확장하시기 바랍니다.

Lesson 29

타입 간의 역동성

셀프 타입의 당신이 셀프 타입을 만나면

셀프 + 셀프 **good**

당신들의 커플은 매우 독특하고 자유로우며 개방적이다.

독특함과 창의력이 증폭되어 즐겁고 서로 코드가 잘 맞는다.

하고 싶은 활동을 함께하며 각별한 관계일 가능성이 크다.

셀프 타입의 당신이 셀프 타입을 만나면

셀프 + 셀프 **bad**

자신과 잘 맞는 사람을 만나

과도한 신뢰나 의존하는 경향을 보인다.

들어주기 싫은 부탁을 거절 못 하여 불만이 계속 쌓일 수 있다.

진정한 의리가 꼭 무조건적인 허용을 말하진 않는다.

셀프 타입의 당신이 에너지 타입을 만나면

셀프 + 에너지 **good**

조용한 면과 수다스러운 면을 동시에 가지고 있는

당신은 에너지 타입과 만나면 밝은 면이 확대된다.

이야기를 잘 들어주고 반응도 좋아 표현력도 좋아지며

재미와 즐거움 그리고 인간관계의 폭도 넓어진다.

셀프 타입의 당신이 에너지 타입을 만나면
셀프 + 에너지 **bad**

당신의 조용한 면이 깊어져 내향적 성향이 짙어질 때
에너지 타입의 밝음과 사교성은 산만함과 시끄러움.
중간에 끼어들기와 간섭, 신중하지 못하다는 편견에
휩싸여 관계는 극에서 극으로 바뀔 수 있다.
긍정적인 관대함이 필요하다.

셀프 타입의 당신이 해브 타입을 만나면
셀프 + 해브 **good**

셀프 타입이 복잡 미묘하다면 해브 타입은 간결하다.
뚜렷한 의견과 결정이 빠르므로 당신은 편하고
시원스럽기까지 하다. 잘 챙겨 주는 해브 타입에
믿음과 신뢰, 든든함마저 든다.

셀프 타입의 당신이 해브 타입을 만나면
셀프 + 해브 **bad**

당신의 독창성과 자유는 위협받을 수 있다.
자유를 통제하고 지배하려 한다.
해브 타입은 자기 위주 의견을 따라주기 원하고 강요한다.
지시적인 말투와 강한 자기주장을 용납할 준비가 필요하다.

셀프 타입의 당신이 그룹 타입을 만나면
셀프 + 그룹 **good**

착실하고 모범적인 그룹 타입은

심성이 착하고 상대방과 조율도 잘해 당신과 서로에게

안정적 배려가 유지된다. 변함없고 꾸준한 관계가 가능하다.

셀프 타입의 당신이 그룹 타입을 만나면
셀프 + 그룹 **bad**

상대의 수동적 변화와 고지식함에 답답해할 수 있다.

그룹 타입은 규칙과 상식적이면서 안정성향이 강하다.

당신의 자유분방한 사고와 유연성이 상대에게는

규칙과 상식을 벗어나며 혼란스러울 수 있음을 기억하라.

셀프 타입의 당신이 휴머니즘 타입을 만나면
셀프 + 휴머니즘 **good**

당신의 조용한 면과 휴머니즘 타입의 친절하고 겸손함은 잘 맞는다.

배려와 존중, 내면적 따뜻함은 깊이 있는 소통을 이룬다.

깊은 관계로 발전되지만 다소 시간이 오래 걸릴 수 있다.

셀프 타입의 당신이 휴머니즘 타입을 만나면
셀프 + 휴머니즘 **bad**

따뜻한 감성과 깊이 있는 대화가 잘 통한다.

그러나 이상적 성향과 이론적 논리로 빠질 수 있다.

실제적이기보다는 관조하며 평가한다.

생각 속에서 나와 활동영역으로 옮겨 보자.

Lesson 29-2

타입 간의 역동성

에너지 타입의 당신이 에너지 타입을 만나면
에너지 타입 + 에너지 타입 **good**

많은 호기심과 사교적인 만남으로 대화가 즐겁다.

재미있게 표현을 잘하는 성향끼리 만나 의사소통 또한 활기차다.

감탄사와 몸짓, 언어가 풍부하여 친밀한 격 없는 관계를 이룬다.

에너지 타입의 당신이 에너지 타입을 만나면
에너지 타입 + 에너지 타입 **bad**

말이 많아서 말실수가 많다

말로만 때우려 하고 말싸움에서 지지 않으려고 한다.

친해서 허심탄회했던 비밀을 지키기 힘들고 약점으로 작용한다.

자기보호를 위해 상대를 험담할 필요는 없다.

에너지 타입의 당신이 해브 타입을 만나면
에너지 타입 + 해브 타입 **good**

솔직하고 적극적인 해브 타입과는 낭만적이고 즐겁다.

사교성과 자신감, 즐거움을 공유하기에 충분하다.

대화가 즐겁고 외향적 환경을 선호해 새로운 경험으로 넓혀진다.

에너지 타입의 당신이 해브 타입을 만나면
에너지 타입 + 해브 타입 **bad**
자기주장이 강한 해브 타입으로 인해
즐거운 과정의 대화가 결론적이고 간결함을 요구한다.
장황한 설명을 줄이고 지시적인 말을 삼간다.
조금 더 압축된 내용으로 말해 보라.

에너지 타입의 당신이 그룹 타입을 만나면
에너지 타입 + 그룹 타입 **good**
당신이 이야기하면 그룹 타입의 상대는 잘 들어준다.
하고 싶은 일이 많고 하는 것을 좋아하는 당신에게
보완해 줄 수 있는 꾸준함과 안정적인 그룹 타입은 조화를 이루는
궁합이다.

에너지 타입의 당신이 그룹 타입을 만나면
에너지 타입 + 그룹 타입 **bad**
당신이 보기에 그룹 타입은 변화에 수동적이다.
재미없고 따분하게 생각할 수도 있다.
그룹 타입의 상대는 속이 깊고 다정한 성향이므로
친밀도의 속도를 조절하라.

에너지 타입의 당신이 휴머니즘 타입을 만나면
에너지 타입 + 휴머니즘 타입 **good**
열정과 잔잔함의 조합으로 다른 듯하지만 비슷하다.
사람을 도와주고 수용하는 포용력이 있기 때문이다.

사람을 좋아하고 도와주려는 방식만 다를 뿐 따뜻한 마음이 잘 맞고 상호보완점 관계이다.

에너지 타입의 당신이 휴머니즘 타입을 만나면
에너지 타입 + 휴머니즘 타입 **bad**
당신과 휴머니즘 타입의 주파수는 다르다.
당신이 열정이라면 상대는 잔잔한 편안함이다.
고리타분한 것이 아니라 진지함이다.
조용하고 상냥하게 다가가라.

에너지 타입의 당신이 셀프 타입을 만나면
에너지 타입 + 셀프 타입 **good**
풍부하고 민감한 감성을 공유한다.
가능성과 큰 그림을 그리며 긍정의 감정을 나눈다.
서로를 격려하고 응원한다.

에너지 타입의 당신이 셀프 타입을 만나면
에너지 타입 + 셀프 타입 **bad**
사교성이 없고 개인적이라 생각한다.
속으로 감추고 느리며 비우호적이라 생각한다.
당신이 사교성과 대중성 그리고 빠르고 우호적이기 때문이다.
세분화하지 말고 큰 틀에서만 맞추어도 좋다.

Lesson 29-3

타입 간의 역동성

해브 타입의 당신이 해브 타입을 만나면

해브 타입 + 해브 타입 **good**

직접적이며 솔직하고 시원시원하다.

동일한 목표와 취향일 때 최고의 추진력을 보이는

가장 좋은 파트너이다. 낭만적이고 즐길 줄 안다.

해브 타입의 당신이 해브 타입을 만나면

해브 타입 + 해브 타입 **bad**

불화가 일어난다면 가장 크게 일어날 수 있다.

서로 주도권을 쥐려고 하며 강한 자기주장을 펼친다.

상대의 자존심을 건드리지 않도록 하고

되돌릴 수 없는 극단적인 말은 피한다.

해브 타입의 당신이 그룹 타입을 만나면

해브 타입 + 그룹 타입 **good**

당신의 추진력이 다듬어지고 보완된다.

의견을 잘 들어주고 분석적 조언을 얻을 수 있다.

상호 보완되는 훌륭한 파트너이며 사회적 환경에 최적화된 조합이다.

해브 타입의 당신이 그룹 타입을 만나면

해브 타입 + 그룹 타입 **bad**

상대의 신중한 면 때문에 타이밍을 놓칠까 답답해할 수 있다.

객관적이고 완벽한 성향 때문에 당신이 주도할수록 더 철저히 한다.

상대는 그럴 만한 이유가 있다.

불안을 없애기 위해 확인하는 것으로 이해하길 바란다.

해브 타입의 당신이 휴머니즘 타입을 만나면

해브 타입 + 휴머니즘 타입 **good**

당신이 휴머니즘 타입과 만나면 편안함을 느낀다.

의견을 따라주고 너그럽게 당신을 맞추어 주기 때문이다.

한결같은 마음과 수용해 주는 포용력을 가져 안식처를 얻을 수 있다.

해브 타입의 당신이 휴머니즘 타입을 만나면

해브 타입 + 휴머니즘 타입 **bad**

우유부단하고 고지식함에 당신은 답답하다.

약한 듯하지만 침묵으로 끝까지 본인의 뜻을 고수한다.

빠른 결정 뒤집기는 힘드니 강한 표현은 삼간다.

해브 타입의 당신이 셀프 타입을 만나면

해브 타입 + 셀프 타입 **good**

셀프 타입은 내면이 강하고 해브 타입은 외면이 강하다.

셀프 타입은 생각이 강하고 해브 타입은 현실이 강하다.

서로에게 내적, 외적으로 조화를 이룰 수 있게 하고 아이디어를 얻는다.

낭만적인 기질도 잘 맞아 즐겁다.

해브 타입의 당신이 셀프 타입을 만나면

해브 타입 + 셀프 타입 **bad**

유연함과 자유로운 셀프 타입은 통제하려 할 때
이유 없는 고집을 부리기도 한다. 지시와 강요는
무용지물이 된다. 자율을 허용하라.

해브 타입의 당신이 에너지 타입을 만나면

해브 타입 + 에너지 타입 **good**

원만한 사교성을 가지고 있는 에너지 타입과는 호흡이 좋다.
긍정성과 활동성으로 당신에게 시너지를 준다.
훌륭한 파트너로 함께할수록 좋고 당신에게 꼭 필요하다.

해브 타입의 당신이 에너지 타입을 만나면

해브 타입 + 에너지 타입 **bad**

당신이 결론과 결과라면 상대는 다양성과 과정이다.
그렇기에 결론과 결과가 아닌 감정적인 부분에 더욱더
신경 써야 한다.

Lesson 29-4

타입 간의 역동성

그룹 타입의 당신이 그룹 타입을 만나면
그룹 타입 + 그룹 타입 **good**

보수적이며 안정적인 만남이라 친숙하다.

안정되고 깊은 대화를 나눌 수 있고 일과 개인적인 만남에서도

좋은 파트너다. 서로 조율도 잘하며 실수를 잘 하지 않는다.

그룹 타입의 당신이 그룹 타입을 만나면
그룹 타입 + 그룹 타입 **bad**

서로를 배려하고 참느라 속마음을 억누른다.

세심하고 예민하여 스트레스를 많이 받는다.

간접적이라도 자신의 욕구를 표현하라

그룹 타입의 당신이 휴머니즘 타입을 만나면
그룹 타입 + 휴머니즘 타입 **good**

상대는 온화하며 상식적이다.

예의가 바르고 책임감, 성실한 면에 공통점이 있다.

서로 겸손하며 따뜻하고 안정적인 관계를 유지한다.

그룹 타입의 당신이 휴머니즘 타입을 만나면

그룹 타입 + 휴머니즘 타입 **bad**

겉으로 드러나지 않는 공격형이다.

고리타분하게 따지거나 불평불만이 많을 수 있다.

도움을 줄 수 있다면 도와주라.

그룹 타입의 당신이 셀프 타입을 만나면

그룹 타입 + 셀프 타입 **good**

상대는 개방적 사고와 행동이 자유롭다.

하고 싶은 일을 하고 친밀한 사람들을 만난다.

순수하고 인간적인 면을 당신의 삶에도 적절히 적용해 보자.

그룹 타입의 당신이 셀프 타입을 만나면

그룹 타입 + 셀프 타입 **bad**

상대는 틀이 없는 듯하지만 매우 강한 틀을 가지고 있다.

당신의 상식과 객관성도 상대의 주관성에 부딪히면 꼼짝을 하지 않는다.

상대를 허용하고 행동으로 옮길 때까지 기다려야 한다.

그룹 타입의 당신이 에너지 타입을 만나면

그룹 타입 + 에너지 타입 **good**

당신이 사회성이라면 상대는 사교성이다.

다정다감한 상대가 있으면 활기차다.

활력이 되는 상대와 있으면 즐겁고 인맥형성으로 확대되어

사교성과 사회성 둘 다 만족된다.

그룹 타입의 당신이 에너지 타입을 만나면

그룹 타입 + 에너지 타입 **bad**

겉만 요란하고 성실하지 않다고 생각된다.

상대의 사교성을 당신의 사회성이 불편함을 느낀다.

그러나 상대의 이야기를 들어주고 공감하며 맞장구를 쳐라.

그룹 타입의 당신이 해브 타입을 만나면

그룹 타입 + 해브 타입 **good**

당신과 상대는 사회성의 부류로 비슷하지만 다르다.

명예와 물욕은 종이 한 장 차이이기 때문이다.

상대는 좀 더 추진력이 있고 비슷하지만 재미와 낭만이 더 있다.

훌륭한 조합의 파트너다.

그룹 타입의 당신이 해브 타입을 만나면

그룹 타입 + 해브 타입 **bad**

특히 비즈니스에서 당신은 복종하면서 복종하길 바란다.

상대는 당신을 장악하려 한다. 당신이 현명하다면

도움을 요청하거나 자존심이 상하지 않도록 의견을 전달하라.

Lesson 29-5

타입 간의 역동성

휴머니즘 타입의 당신이 휴머니즘 타입을 만나면

휴머니즘 타입 + 휴머니즘 타입 **good**

따뜻한 마음과 상식적이고 고상하기까지 한 당신과 그대.

겸손하고 온화한 둘의 관계는 현실에 만족하며 안정적이다.

휴머니즘 타입의 당신이 휴머니즘 타입을 만나면

휴머니즘 타입 + 휴머니즘 타입 **bad**

지적인 오만이 강하고 완고하다.

논리와 자신의 세계와 이론에 요지부동이다.

부정적 감정에 친숙하여 염세주의, 허무주의에 빠지지 않도록 해야 한다.

휴머니즘 타입의 당신이 셀프 타입을 만나면

휴머니즘 타입 + 셀프 타입 **good**

인간적이고 진정한 호의를 베푸는 당신과 잘 맞는다.

내면 성찰과 깊이가 있어 이상적인 대화를 자유롭게 공유할 수 있다.

관대하고 너그러워 진실한 마음을 나눈다.

휴머니즘 타입의 당신이 셀프 타입을 만나면
휴머니즘 타입 + 셀프 타입 **bad**

겸손함과 차분함이 강해 분위기가 밝지 못하고 어둡다.

이론과 완고한 논리로 비판적 성향이 강해 논쟁에 빠질 수 있다.

상대를 가르치려 하고 잔소리가 많아지므로 긍정적 칭찬을 표현해 보자.

휴머니즘 타입의 당신이 에너지 타입을 만나면
휴머니즘 타입 + 에너지 타입 **good**

따뜻한 포용력의 당신과 친절하고 잘 도와주는 상대와는 환상적인 궁합이다.

더구나 상대는 생산적이고 활동력까지 겸비했다.

자유정신과 다양한 경험으로 당신의 삶에 활력이 되어 준다.

휴머니즘 타입의 당신이 에너지 타입을 만나면
휴머니즘 타입 + 에너지 타입 **bad**

신중하고 차분한 당신에게 상대는 거침없이 말하고 깊이가 없는 듯하다.

말이 많고 과장된 표현도 마땅치 않을 수 있다.

당신의 포용력으로 수다를 들어주고 반응도 크게 해 보자.

심리적으로 피곤하다면 솔직하게 당신의 감정을 표현하라.

휴머니즘 타입의 당신이 해브 타입을 만나면
휴머니즘 타입 + 해브 타입 **good**

상대는 자신감이 있고 보이는 능력을 중시한다.

삶을 즐기고 목표를 달성하려는 집중력, 결과물을 내는 상대의

집념을 배워야 한다. 상대와 어울려 인생을 즐겨 보라.

휴머니즘 타입의 당신이 해브 타입을 만나면

휴머니즘 타입 + 해브 타입 **bad**

허영과 과시, 모두가 아닌 자기주장이 강한 상대를 보면

당신의 마음은 불편함을 느낀다. 당신처럼 참다 보면 알아차리고

배려하지 않을 수 있다. 당신의 감정을 표현하고 때로는 정중하게 거절하라.

휴머니즘 타입의 당신이 그룹 타입을 만나면

휴머니즘 타입 + 그룹 타입 **good**

상대는 규칙적이고 신뢰와 일관성을 유지한다.

상대는 양보하고 조율도 잘해 웬만해선 갈등도 일어나지 않는다.

서로 친근하고 편안함을 느끼는 안정적인 파트너다.

휴머니즘 타입의 당신이 그룹 타입을 만나면

휴머니즘 타입 + 그룹 타입 **bad**

너무 세심하고 예민하여 작은 일에도 에너지를 많이 소모한다.

상대의 원칙적인 고지식함에 답답해하기보다는 높은 퀄리티를 추구하는

것으로 이해하는 것은 어떨까.

Lesson 30

연금술사 성분 조율하기

우리는 다중자아 즉 다중성향을 가지고 있습니다.

그때그때 상황과 상태에 따라 성향이 드러나고 검사지의 결과를 봐도 알 수 있듯 한가지의 성향만 있는 것이 아니라 다양한 성향 중 가장 강한 성향을 말합니다.

가장 강한 성향이 우리 삶의 대부분의 현상으로 드러납니다.

'내 성격이 이러니까'라고 나머지 4가지의 영역의 특성과 현상을 외면한다면 참으로 어리석은 일입니다.

자신의 성향을 환경에 따라 적재적소에 드러낼 때 당신은 무엇을 해도 잘되고 5가지 영역의 현상을 골고루 누릴 수 있습니다.

Lesson 31

강력한 연금술사 체질 되기

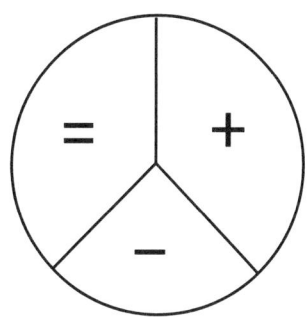

강력한 연금술사의 체질을 갖길 위해서는 3가지 영역의 조화와 균형이 필요합니다. 본능이나 감정에 치우쳐 내가 하고 싶은 것만 하고 할 수 있는 것만 하려 할 때 연금술을 발휘할 연금술사로서의 체질은 약해집니다.

자신의 인생이 원하는 방향으로 흘러가며 5가지의 좋은 현상의 영향을 골고루 받길 원합니다. 이는 곧 강력한 연금술을 발휘할 연금술사의 체질을 갖게 되는 것입니다.

= 자신의 타입 **GOOD ENERGY**에서 유지하고 싶은 성격 성분을 적습니다.
− 자신의 타입 **BAD ENERGY**에서 제거하고 싶은 성격 성분을 적습니다.
+ 원하는 타입의 **GOOD ENERGY**에서 원하는 성격 성분을 적습니다.

긍정적으로 드러나는 좋은 성분은 유지하면서 좋은 특성과 현상의 결과를 계속해서 받습니다.

– 부정적으로 드러나는 나쁜 성분을 제거함으로써 원치 않는 환경에서 벗어납니다.

+ 원하는 타입의 성격을 발휘함으로써 추구하는 행운과 현상의 결과를 받기 시작합니다.

= 환경과 용도에 맞는 체질개선으로 계속해서 연금술사로 유지하십시오.

Lesson 32

연금술 언어학

마법과 같은 연금술의 언어를 사용하기 위해서는 언어의 에너지와 파워를 경험하는 것이 좋을 것입니다. 언어가 가진 원래의 파워도 있지만 언어를 사용하는 자에 따라 증폭, 변질, 왜곡, 상쇄, 없애 버리기에 언어가 가진 힘이 자신에게 어떠한 영향을 끼치는지를 안다면 놀라게 됩니다.

양자언어학의 기반을 둔 〈연금술 커뮤니케이션〉 14시간의 프로그램을 진행하다 보면 자신의 신념과 의도를 긍정적으로 표현해도 왜 에너지가 빈약한지, 원치 않는 감정의 언어는 왜 자신을 압도하고 장악해서 큰 영향을 끼치는지, 나도 모르게 성취해 왔던 비밀,

나도 모르게 실패를 거듭했던 비밀들을 알게 됩니다.

마법의 언어를 사용하기 위해서는 먼저 원래의 언어 외에 붙어 있는 불순물을 제거하는 것부터 시작해야 합니다. 우리는 많은 매체를 통해 각국에서 진행했던 식물에게 사랑, 감사, 행복의 긍정적인 언어로 슬픔, 불행, 짜증과 같은 부정단어를 식물에게 실험한 결과를 통해 말이 가진 어느 정도의 힘을 인지하고 있습니다.

일본의 학자 에모토 마사루는 더 나아가 말이 아닌 활자로 긍정과 부정, 각국의 언어를 사용하여 물의 결정체를 보여줌으로써 반향을 일으키기도 했습니다.

세상의 모든 것은 에너지로 되어 있고 언어 또한 에너지입니다.
이렇듯 언어를 사용하는 당사자가 자신의 상태에 따라 언어가 가진 에너지를 확장시키거나 변질, 왜곡, 상쇄시키기도 하며 없애 버리기도 합니다.
언어가 가진 본연의 에너지를 내기 위해서 휘둘리지 않는 안정된 마음의 상태가 필요하며 센터링으로 불순물을 중화시킬 수 있습니다.

Lesson 33

연금술사의 호흡

연금술사의 호흡이라고도 하는 센터링은
본래 불교 수련법 중 하나였지만 현대의 대표적인 스승으로 꼽히는 토머스머튼 신부와 그리피스 목사의 '중심으로 돌아가자'는 말에서 따온 용어입니다.
센터링이라는 호흡의 본 목적은 마음가짐을 통해서 자신 내면의 자아 속 센터에 있는 가장 튼튼하고 안전한 자리를 잡는 것입니다.
자신의 내면이 가장 튼튼하고 안정된 상태, 세상사에 휘둘리지 않는 마음 상태입니다. 중심을 못 잡을 경우, 자신의 내면 상태가 상대에게 전해지고 실수와 언어의 연금술은 제대로 낼 수 없습니다. 원치 않는 환경에서 실수를 최소화하고 빠른 내면의 중심을 잡기 위해 센터링은 기본적인 필수 요소입니다.
센터링은 많은 실험이나 연구 결과에서도 그 효과를 증명하고 있습니다.

센터링 효과를 증명한 연구 결과들

- 일 만족도, 일, 성과 일 포기의 변화
- 나이가 먹는 신체와 마음 12년 변화
- 육체적인 웰빙, 건강문제, 술, 담배
- 호흡의 변화
- 고혈압 효과
- 창조성과 유연성, 언어적 창조성
- 관계와 직장에서 만족도
- IQ의 변화 집중도
- 자신을 아는 의식 향상
- 존재발견 향상
- 자립심 향상
- 센터링을 통한 깊은 휴식의 육체적 증거
- 병원 방문의 수
- 잠보다 깊은 휴식의 효과성
- 스트레스와 호르몬의 변화
- 육체적 평정함(걱정 줄어듦, 편한 일 자세)
- 삶의 질의 향상
- 나이별 병원 치료통계
- 의식의 명료함
- 담배, 술, 마약 사용
- 미국과 캐나다의 범죄율 저하 비교

Lesson 34

연금술사의 호흡 2

연금술사의 언어는 새로운 외계종족의 언어가 아닙니다.
우리가 늘 사용하는 언어를 단지 양자언어학 차원에서 마법과 같은 결과를 낸 것들입니다. 언어를 연구한 전문가들의 연구 결과로 증명된 언어를 의도적으로 연습하고 사용하는 데에 있습니다.

센터링 또한 수많은 연구 결과로 증명되고 밝혀진 대로 호흡하는 방법을 조금 다른 방식으로 특별히 호흡하시면 됩니다.
고요하고 평온한 상태, 편하게 심호흡하면서 이완감과 평온감을 음미하시길 바랍니다.

Lesson 34-2

센터링 호흡법

- 몸을 곱게 펴고 편안하게 이완합니다.

- 5초간 숨을 천천히 들이마셔 봅니다.

- 5초간 숨을 천천히 내쉽니다.
 (3분간 유지합니다)

- 편안한 마음으로 눈을 감으면서 호흡의 들숨, 날숨에 집중합니다.
(호흡을 하면서 딴생각으로 빠질 때마다 재빨리 호흡에 집중하면서 진행합니다.)

- 조금 더 시간을 늘려 7초간 숨을 천천히 들이마셔 봅니다.

- 7초간 숨을 천천히 내쉽니다.
 (3분간 유지합니다)

- 가볍게 입꼬리를 올려 미소를 지으면서 센터링을 합니다.

- 10초간 숨을 천천히 들이마셔 봅니다.

- 10초간 숨을 천천히 내쉽니다.
 (3분간 유지합니다)

* 한 번에 많은 시간을 할애하기보다는 5분에서 10분씩 틈틈이 자주 하는 곳을 권장합니다.

Lesson 35

부정적 감정을 없애는 레이저 코어

센터링이 마음의 탄탄하고 안정된 상태를 키우는 작업이었다면
레이저 코어는 자신에게 미치는 부정적 감정의 핵심에 들어가 해소하고 없애는 작업입니다(레이저 코어 기법 또한 불교의 수련법을 서양에서 연구결과로 증명하며 세계적인 영적인 스승들이 교육하던 방식입니다).

위계 조직

E:감정   B:신념   V:가치

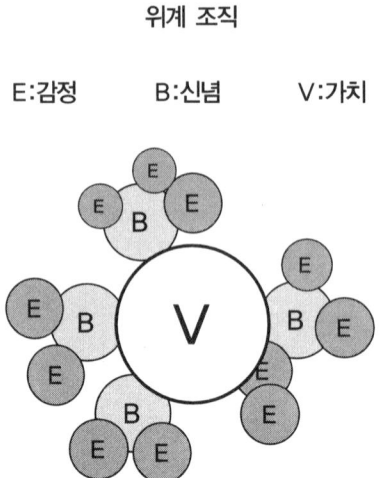

자신이 가지고 있는 부정적 가치에는 부정적 가치를 가질 수밖에 없는 원인인 신념이 있고 원인과 결과에 따라 자신이 갖게 된 신념의 원인인 어떠한 사건이 있습니다. 여기에는 아주 강한 감정이 붙어 있어서 마치 진리인 양 위장을 하고 있습니다.

결과적으로는 자신의 모든 곳에 영향을 끼치는 판단 기준인 가치에 집중하고 있지만 우리는 가치를 갖게 된 원인의 원인인 감정에 집중할 것입니다. 왜냐하면 센터

링을 위협하는 것이 바로 이 감정이기 때문입니다.

감정에 휘둘릴 경우 자신을 통제하지 못하고 예측할 수 없는 수많은 사건과 결과의 환경에 노출될 수 있습니다.

자신만의 특정한 단어에 민감하거나 센터링을 유지할 수 없을 때

연금술의 언어는 왜곡되고 변질되며 파워가 반감되기에 꼭 필요한 작업입니다.

Lesson 36

언어술과 에너지

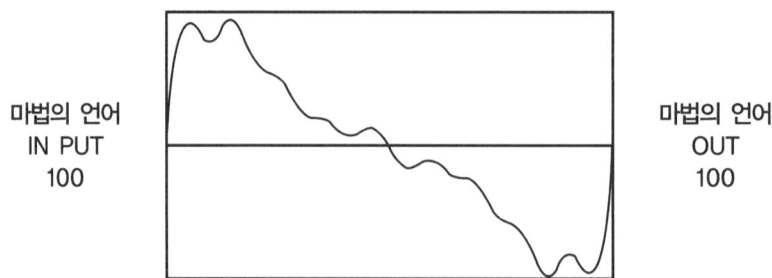

에너지 100을 쏟아 냈다면 외부조건을 제외한 경우 100이라는 에너지의 결과가 나오는 것이 당연합니다. 하지만 자신이 가지고 있는 부정적 감정이나 튼튼하지 못한 불안전한 마음 상태에서 제대로 된 언어의 힘을 사용할 수 없습니다.

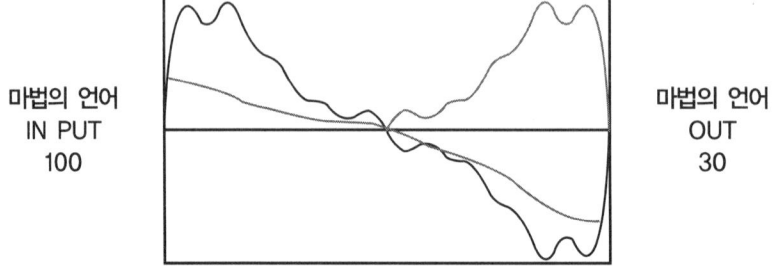

이렇듯 개인 상태에 따라 100을 입력했지만 자신의 가치, 신념, 감정으로 인한 버그로 인해 30밖에 안 되는 출력으로 나타납니다. 여기에 상대의 조건과 반응, 환경에 따른 에너지까지 감소한다면 언어의 힘은 전혀 발휘되지 않습니다.

Lesson 37

언어의 힘 100 나타내기

우리는 살아오면서 겪었던 불편한 사건을 각자 가지고 있습니다.

그 생각이 날 때면 부정적 감정이 생깁니다.

누구나 다 알고 있듯 이러한 감정은 답이 없는 감정이며, 이치에도 맞지 않습니다. 더구나 건강에도 치명적입니다. 원치 않는 생각으로 부정적 감정에 휘둘리는 것은 인간인 이상 벗어나기 힘들지 모릅니다.

이러한 이유는 생리학적으로 당연한 이야기인지도 모르겠습니다.

감정 수용량에 관한 과학적 조사를 통해 물레 가락 모양의 세포 스핀들 셀(**Spindle cells**)을 뇌에서 발견했습니다. 스핀들 셀은 나이와 함께 뇌가 자라면서 정서적 과정을 위해 사용되는데, 쉽게 정의하자면 감정을 담는 세포입니다. 그러나 담을 수 있는 수용량과 사용할 수 있는 수용량이 적다는 것에 문제가 야기됩니다.

감정을 느끼는 만큼 수용할 수가 없다 보니 회피하고 왜곡하며 부정적 감정을 계속해서 무의식적으로 저장을 하게 됩니다.

71세 감정: 47620 수용량: 35585	71세 감정: 47620 수용량: 35585

감정을 해소하고 처리하지 못하는 해소로 인해 감정에 휘둘리게 되고 어설프게 느끼며 불편한 감정에서 이러지도 저러지도 못하는 상태로 감정적 센터링을 유지하지 못하는 상태가 됩니다. 본질에서 벗어난 감정처리, 외면과 회피 대신 다른 것으로 대체하려는 수단, 방법, 집착, 중독 등 다양한 시도를 합니다. 이러한 상태에서 생각, 결정, 행동, 결과에 놓이게 되며 커뮤니케이션을 하고 있습니다.

Lesson 38

레이저 코어 진입하기

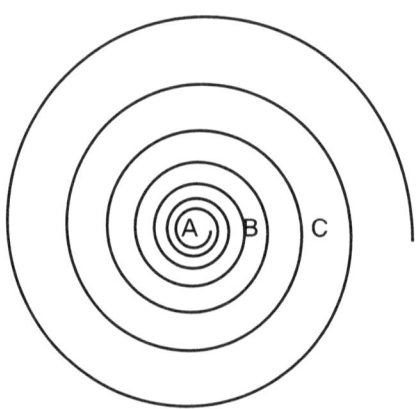

위 그림이 태풍이라고 가정할 때 어느 부분이 가장 고요하며 가장 휘둘리는 자리일까요?

당연히

A 부분은 절대 고요의 영역

B 휘둘리는 영역

C 회전력이 가장 큰 부분이기에 가장 휘둘리는 영역입니다.

우리는 이 **A** 영역으로 들어가 불편한 감정을 처리해야 합니다.

센터링이 내면의 중심을 잡는다면 레이저 코어는 근본의 핵심으로 들어가 불편한 감정을 사라지게 하는 기법입니다. 인간의 욕구는 채워지면 사라지는 형이상학적 감정입니다.

불편한 감정을 느끼며 **A** 영역 코어 속으로 들어가 감정을 다 해소될 때까지 느끼는 기법입니다. 얼마 전부터 불고 있는 코어운동의 중요성과 인기의 이유는 근본적 운동이기 때문입니다.

육체적 코어훈련이 중요하듯 내면적 코어 훈련이 더 중요할 수 있습니다.

내면이 표면으로 나타나는 것이니까요.

레이저 코어기법은 감정의 영향을 끼치는 핵심으로 들어가 근본적으로 해결해 주는 정말로 중요한 요소입니다. 이제 용기를 내어 본질과 대면할 때입니다.

Lesson 38-2

레이저 코어 순서

1) 센터링 상태로 오로지 숨이 들어가고 나가는 들숨과 날숨에만 집중합니다.
깊은 호흡을 계속해서 유지합니다.

2) 평온한 상태에서 외면하고 회피했던 사건을 떠올립니다.
그리고 머리에서 발끝까지 스캔하면서 가장 강력하게
느껴지는 에너지원을 찾습니다.

3) 그 에너지의 원에 모든 의식의 에너지를 마치 레이저를 쏘듯이 집중시킵니다.

4) 완전히 소멸할 때까지 끝까지 의식의 레이저를 발생시킵니다.

* 본질의 에너지원에 집중하면서 감정적으로 벗어날 때 재빨리 핵심의 원으로 집중합니다.
* 완전히 소멸시키지 않고 이만하면 충분하다는 판단으로 중지하는 것을 삼갑니다.

Lesson 39

에너지 테스트

인간의 세포를 계속해서 쪼개다 보면 원자 – 분자 – 소립자 – 미자 – 에너지만 남습니다. 인간은 에너지로 구성되어 있고 이 에너지는 다양한 모양과 힘을 내며 순간순간 변화합니다.

간단히 알 수 있는 에너지 테스트를 활용하기도 합니다.
상대가 무의식적으로 동의할 경우 와이파이처럼 연결되어 무선으로 상대의 긍정이나 부정, 참이나 거짓 등을 체크할 수도 있습니다.
모든 것은 에너지이기에 상대의 대화 내용을 들으며 자연스럽게 에너지를 체크합니다(상담이나 코칭에 활용되며 긍정적인 의도를 가지고 진행합니다. 물론 상대는 인식하지 못합니다).
그러다 보면 불규칙한 에너지가 감지되고 긍정이나 부정, 참이나 거짓, 힘 나거나 힘이 없는 것을 느낄 수 있습니다.
한때 이 기술을 배우기 위해 해외에 나가 전문적인 훈련을 받았고,
연속 10번을 10명에게 일치시키는 테스트를 통과하기도 했습니다.
신기해하며 재미나게 훈련했던 기억이 납니다. 저의 경우 프로이기에 여러분은 언어양자학 차원에서 언어에 따라 자신의 몸이 어떻게 반응하는지만 알게 된다면 언어사용에 있어서 능숙히 사용할 것입니다.

에너지 테스트의 목적은
모든 것이 에너지이므로 언어도 에너지인 것을 에너지 테스트를 통해 확인합니다.
자신이 하는 말에 신정성, 일치성, 의식레벨을 체크하고 진정성과 의식적으로 높은 에너지의 언어를 사용할 때 차이를 체험합니다.

Lesson 39-2

에너지 테스트 훈련법

- 자신이 좋아하는 단어 10개를 뽑습니다.

- 자신이 싫어하는 단어 10개를 뽑습니다.

- 2인 1조로 진행

발은 어깨너비로 벌리고 왼손은 허리에, 오른손은 수평을 유지합니다.
긍정의 단어를 소리 낼 때 보조자는 적당한 힘으로 손바닥을 누릅니다.
보조자가 내는 힘만큼만 저항된 힘을 내면서
손의 감각을 느끼며 주관적인 점수를 매깁니다.

부정의 단어를 소리 낼 때 보조자는 적당한 힘으로 손바닥을 누릅니다.
보조자가 내는 힘만큼만 저항된 힘을 내면서
손의 감각을 느끼며 주관적인 점수를 매깁니다.

- 자신이 갖고 싶은 상태나 추구하는 신념 5가지를 적습니다.

- 자신이 갖고 싶은 상태나 추구하는 신념을 소리 내어 에너지를 체크합니다.
 (파워가 없는 경우, 레이저 코어기법을 사용해 해소, 처리합니다.)

- 레이저 코어기법을 사용한 후에 에너지를 다시 체크하여 점수를 체크합니다.

- 만족할 만큼의 감정이나 점수가 나올 때까지 진행합니다.

Lesson 40

커뮤니케이션에 필요한 5가지 요소

좋은 커뮤니케이션을 하기 위해서는 심리학을 기초로 한 심리기술이 필요합니다. 만약 고객에게 최면을 걸려는데 최면이 걸리지 않는다면 효과가 떨어져 원하는 결과를 얻을 수 없습니다.

신뢰가 형성되면 최면이 걸리는 것이 아니라, 최면에 걸려 준다는 말이 맞을 정도입니다. 신뢰는 모든 커뮤니케이션의 핵심일 것입니다.

하지만 신뢰라는 것을 쌓기까지는 많은 시간이 필요할지 모릅니다.

경우에 따라 상대와 나는 10분~20분, 1분~2분 미만에 기회가 주어질지 모르니까요.

심리유도 부분에서 마음과 마음의 연결이라는 의미로 사용되고 있는 '래포(**rapport**)'라는 테크닉은 아주 빠른 시간 내에 상대의 무의식에 연결됩니다.

최면술사라면 누구나 사용하는 기본 테크닉입니다.

신뢰를 쌓는다고 해서 눈에 뻔히 보이는 기술이 아니라 일상의 대화 속에서 상대가 알아차리지 못하는 자연스러운 기술입니다.

상대가 알아차리지 못하면서도 아주 빨리 신뢰와 편안함 그리고 저항감을 줄여 주는 이 5가지 요소는 어리숙한 최면술사부터 일류 최면술사까지 최면을 위해서는 꼭 사용해야 하는 요소입니다.

Lesson 41

모션 맞추기

상대와 나는 다릅니다.
다른 만큼 저항하고 비슷한 만큼 저항은 줄어들 것입니다.
자신과 비슷한 사람이라는 메시지를 잠재의식에 보냄으로써 편안하게 하고 저항은 줄어듭니다. 물론 이 방법은 상대가 알아차리지 못하게 해야 할 것입니다.

예전 북경에서 열린 **NLP**트레이너 세미나를 참가한 적이 있습니다.
항공비, 체류비를 제외하고도 900만 원 상당의 교육비가 드는 세미나였습니다.
그 세미나를 참가할 수 있는 자격과 금액 때문에 참가자 중 가장 나이가 어린 사람은 2명 정도만이 30대 중후반에 불과할 정도로 연령층이 높은 세미나였습니다.
그중에 27살의 중국계 미모 트레이너가 있었습니다.
키는 컸고 긴 생머리에 여성스럽고 지적인 여성이었습니다.
세계 각국에서 온 남자 트레이너들은 이 여성을 보고 난리가 났고 데이트 신청을 하고는 다 거절된 상태였습니다. 물론 저도 데이트를 하고 싶었지만 거절당할 것이 당연했기에 바로 이 모션 맞추기에 들어갔습니다. 하루 반 정도가 지났을 때쯤 똑같은 모션인 상태에서 서로 눈이 마주쳤고 여성 트레이너는 손을 흔들며 활짝 웃는 것이었습니다. 이전까지만 하더라도 지나치거나 눈인사 정도만 하는 사이였을 뿐입니다.

모션 맞추기로 래포가 형성되자 쉬는 시간에 데이트 신청을 해서 약속을 잡았습니다. 저는 그 여성 트레이너와 데이트를 한 유일한 남자 트레이너였습니다.

그녀는 영국 옥스퍼드 대학교를 졸업하고 세계적인 기업에 입사한 신입사원이었습니다. 당신은 얼마나 유능하길래 이런 세미나를 회사에서 지원하냐고 물었고 그녀의 대답은 잘 모르겠지만 자신은 면접이나 고객을 만나면 항상 모션 맞추기를 한다는 것이었습니다. 재밌는 것은 모션 맞추기를 즐겨하고 주 무기로 사용하는 전문가조차 자신이 대상자가 된 것을 전혀 모른다는 것이었습니다.

Lesson 41-2

모션 맞추기 연습

- 완전히 똑같이 하는 것이 아니라 큰 맥락 차원에서 형태만 맞추어 본다.

- 중간중간 생각 날 때마다 상대의 모션을 맞춘다.

- 중요한 부분만 모션을 맞추어 본다.

Lesson 42

목소리 맞추기

최면을 배울 때 호기심으로 세일즈 현장에도 적용되는지 궁금했습니다.
텔레마케터로 위장취업(?)을 하고 고객 응대 스크립트를 이틀에 거쳐 최면언어로 다 바꾸어 보았습니다. 첫 달부터 전국지점 통틀어 2등을 하게 됐고 제가 올리는 한 명의 매출이 팀 매출보다 높기까지 했습니다.
제가 하는 첫 번째는 목소리 맞추기였습니다.

고객은 전화를 받으면 조심스럽게 받는 사람, 퉁명하게 받는 사람, 기분 좋게 받는 사람 등등 다양한 감정의 상태로 받습니다.
말하는 사람과 받는 사람의 상태가 다 다릅니다.
내 목소리가 신중하고 조용한 편이라 해서 기분 좋게 받은 큰 목소리의 고객에게 자신의 목소리를 낸다면 감정선이 맞지 않게 됩니다.
나는 기분 좋게 전화를 했지만 상대방은 업무 중에 조심스럽게 받아서 그 상태로 말하게 되면 감정적 공감이 안 될 것입니다.
목소리에는 감정이 담겨 있고 그 감정은 생각이 담겨 있기에 목소리의 톤과 음정을 맞춘다는 것은 감정과 생각을 낮추는 것입니다.

Lesson 42-2

목소리 맞추기 연습하기

(성대모사 수준으로 맞추는 것이 아니라 자기 목소리 범위 안에서 맞춥니다.)

- 첫 감정, 톤, 음량만 맞추어 봅니다.

- 중간중간 생각 날 때마다 맞추어 봅니다.

- 중요 키워드의 목소리를 맞추어 봅니다.

Lesson 43

상대 키워드 맞추기

지인 중에 10년 동안 변하지 않는 대문 문구로 '항상 겸손하라'가 적혀 있습니다. 이 지인은 억대연봉자로, 명품으로 치장하고 헤어커트로 30만 원의 비용을 내는 40대 후반의 여성입니다. 능력과 자신감이 넘치는 지인이라 웬 겸손이냐고 물었더니 자신이 생각하는 '항상 겸손하라'는 '항상 관리하라'의 뜻을 가지고 있다고 합니다.
윗몸일으키기 300번을 하루도 쉬지 않고 한다고도 합니다.

즉 '항상 겸손하라 = 항상 관리하라'인 것입니다.

사전적 의미 말고 당신이 생각하는 '겸손'의 의미는 무엇입니까?
조심스러움, 잘난 척하지 않기 등등… 일 것입니다.
자신이 생각하는 겸손하다의 뜻으로 지인에게 사람들이 "아~ 당신은 항상 잘난 척하지 않고 조심스럽게 생각하시는군요"라고 말한다면 전혀 의미가 맞지 않을 것입니다.
또는
"당신은 왜? 겸손을 그렇게 생각하십니까? 사전적 의미는 남을 존중하고 자기를 내세우지 않는 태도입니다. 앞으로는 이렇게 생각하세요"라고 말할 수 없습니다.
당사자가 그렇게 생각하는 것에 관여할 수 없습니다.
그래서 우리는 무수한 사람들이 말하는 키워드의 뜻과 의미를 모르기에 똑같은 단어만 맞추어도 상대는 '나와 같은 의미로 생각하는구나'라고 생각하거나 느끼는 것입니다.

Lesson 43-2

상대의 키워드 맞추기

- 리액션을 맞추는 것부터 시작해 본다.

- 상대가 말하는 5~7문장을 벗어나지 않는 범위에서 키워드를 맞추어 본다.

- 중요 키워드를 맞추어 본다.

- 중요 문장을 맞추어 본다.

Lesson 44

내용 크기 맞추기

저는 미국에서 왔는데 어디 살아요? - 봉천동이요

저는 신사동 사는데 어디 살아요? - 광주광역시요.

자동차 좋아해요! - 자동차 페달 부품은 A회사가 좋죠.

위 문장을 보면 무언가 이상하고 생뚱맞기까지 합니다.

상대방의 말하는 내용의 규모에 맞게 이야기할 때 상대방은 편안함을 느낍니다. 계속 상대의 내용 크기만을 맞추는 것이 아닙니다.

하지만 첫 번째 답변이나 리액션은 내용의 크기를 맞추고 규모를 크게 하거나 작게 한 뒤, 하고 싶은 대화를 하시면 됩니다.

내용 크기 맞추기는 상대와 편안한 대화와 공감을 확대합니다.

내용 크기 맞추기 연습

- 첫 질문과 말은 무조건 맞추어 본다.

- 처음을 맞춘 후 크기를 키워 본다.

- 처음을 맞춘 후 크기를 줄여 본다.

- 처음을 맞춘 후 자유자재로 키워 보고 줄여 본다.

Lesson 45

호흡 맞추기

호흡을 맞춘다고??
호흡을 맞춘다는 말이 황당하게 들릴 수도 있습니다.
하지만 최면을 하는 사람에게는 너무나 중요한 부분입니다.

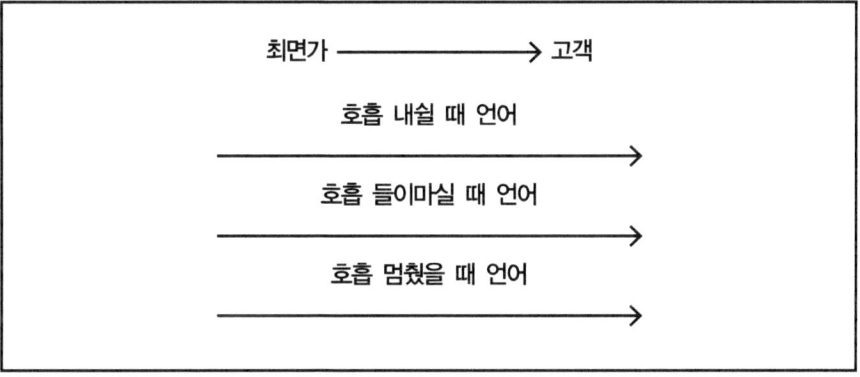

최면가는 상대의 호흡에 맞게 언어의 종류를 사용하기에 중요한 부분입니다.
호흡을 무시하고 언어를 사용할 때 효용성은 크게 떨어지기 때문입니다.
초보 최면가는 고객이 눈을 감은 상태에서 고객의 호흡에 따라 손을 움직이며 최면언어를 사용합니다. 호흡 맞추기 효과를 알기 위해서는 손을 잡고 호흡을 느끼고 불일치를 해 보면 알 수 있습니다.
그럼 호흡을 맞추고 안 맞추고에 따라 얼마나 불편함을 느끼고 편안함을 느끼는지 알 수 있을 것입니다.

Lesson 45-2

호흡 맞추기 실습

- 상대방과 악수를 할 때 호흡을 맞추어 보세요.

- 편한 사이라면 어깨나 팔꿈치를 대면서 맞추어 보세요.

- 상대가 중간중간 크게 호흡할 때 맞추어 보세요.

* 상대가 여성일 경우 호흡을 본다고 가슴이나 배 주변을 유심히 보는 것 삼가세요.

Lesson 46

연금술 언어를 하기 전 준비 5가지 요소

모션 맞추기	⟶	미러(세포) 공감
목소리 맞추기	⟶	감정 공감
키워드 맞추기	⟶	의미 공감
사이즈 맞추기	⟶	내용 규모 공감
호흡 맞추기	⟶	표상체계 공감

연금술의 언어는 의식적이 아닌 무의식적 영역이라고 했습니다.

상대는 호흡을 맞춘다는 것을 인지할 수 없고 본인 이야기에 집중하고 반응이 편하다는 정도로 느낍니다. 전문가가 아닌 이상 당신과 상대의 모습을 유심히 관찰한다고 해도 5가지 기법을 동시에 사용한다 해도 알아차릴 수 없습니다. 왠지 모르게 편하고 잘 맞는 상대라고만 생각할 뿐입니다

연금술의 언어를 하기 전 가장 기본적인 것이지만 최고의 대가들도 모두 이 기법을 기본으로 합니다.

너무나 교묘하고 자연스럽게 잘합니다.

꼭 할 수밖에 없는 기법입니다.

좋은 커뮤니케이션을 위해서 꼭 필요한 기법입니다.

Lesson 47

커뮤니케이션 법칙

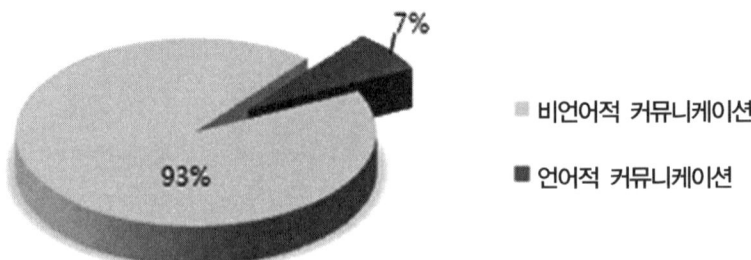

미국 UCLA 메라비안 교수 연구결과

커뮤니케이션에서 메라비안은 법칙처럼 따라다닙니다.

커뮤니케이션 관련 강의를 하는 분이라면 이 근거를 항상 달 수밖에 없죠. 커뮤니케이션의 연구결과이니까요.

위 표의 연구결과처럼 비언어적인 요소가 대부분을 차지합니다.

언어적, 비언어적 요소를 조금 더 자세히 보겠습니다.

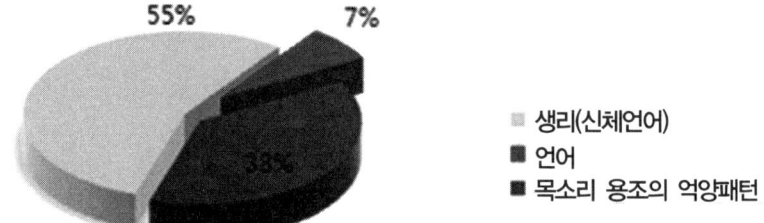

미국 UCLA 메라비안 교수 연구결과

표의 내용을 토대로 커뮤니케이션을 하기 전 필요한 5가지 요소로 보겠습니다.

생리(신체언어)는 모션 맞추기입니다.

언어는 키워드 맞추기, 내용 크기 맞추기입니다.

목소리 음조와 억양 패턴은 목소리 맞추기입니다.

지금까지 배운 5가지 중 4가지나 포함되어 있습니다.

Lesson 47-3

완전히 분해, 분석하면 이렇습니다.

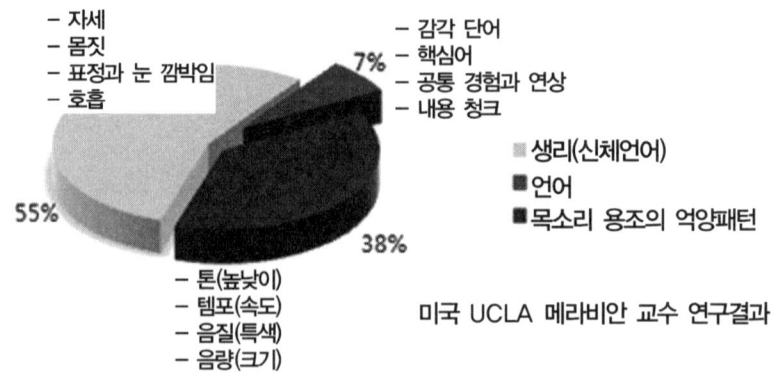

미국 UCLA 메라비안 교수 연구결과

자세, 몸짓, 표정과 눈 깜박임, 호흡 = 모션 맞추기, 호흡

감각단어, 핵심어, 공통경험 내용 청크 = 키워드 맞추기, 내용 크기 맞추기

톤, 템포, 음질, 음량 = 목소리 맞추기

보시다시피 5가지 요소 자체가 커뮤니케이션입니다.

당신이 지금까지 배워 왔던 커뮤니케이션에서는 무엇을 말하던가요?

바로 이 5가지 요소가 커뮤니케이션의 기본이자 시작이며 핵심역량입니다.

Lesson 48

말하기는 목소리다

말하기는 목소리일 정도로 중요한 부분입니다.

말하기를 할 때 목소리를 어떻게 하느냐에 따라 의미와 느낌 등은 많이 달라집니다.

- 말하는 속도
- 목소리의 크기
- 사용하는 단어
- 문장의 길이
- 말의 리듬 등에 따라

자신감 넘치는 목소리, 편안한 목소리, 신뢰감을 주는 목소리, 성의 없는 목소리, 급한 목소리, 새침한 목소리, 주눅 든 목소리, 가벼운 목소리, 짜증 난 목소리 등등 수많은 느낌의 목소리로 나타납니다.

세일즈 영역에서도 좋은 인상과 설득을 하기 위해 목소리의 중요성을 더 강조하고 있습니다. 상대방이 듣기에 기분이 좋은 목소리를 내야만 결과도 좋아진다거나 목소리 강약의 중요성 교육도 많은 시간을 할애하며 교육하고 있습니다.

좋은 인상을 위해 세일즈 부분에서만 필요한 것은 아닙니다.

일상생활, 커뮤니케이션에서도 당연히 중요한 부분입니다.

Lesson 49

말하기는 목소리다-억양 패턴 1

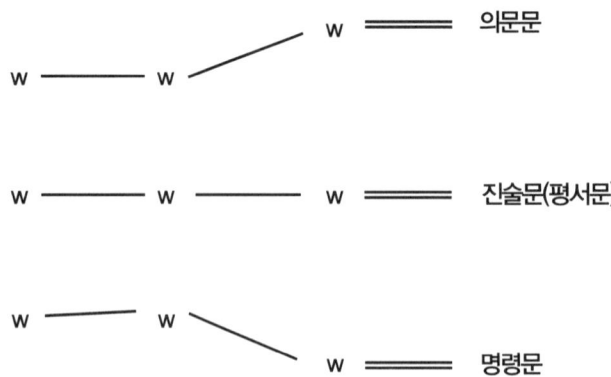

앞서 목소리 맞추기에서 이야기한 것과 같이 목소리는 감정이 담겨 있고 감정은 생각이 담겨 있습니다. 똑같은 단어나 문장에서 끝 음을 올리고 내리고 유지하고에 따라 큰 차이가 있습니다.

생활 속에서 단어나 문장 끝 음을 올리면 잠재의식 속에서 "해 줄래?", "해 주면 안돼?", 부탁조로 상대에게 선택권이 있음을 느낍니다.

같은 말이라도 끝 음을 내리면 순간 해야 될 것 같은 느낌을 받습니다.

Lesson 50

목소리 억양 패턴 연습

방 청소 해

잘할 수 있어요

이걸로 할게요

갖고 싶어

이것으로는 부족해

설명해 봐

확실해

가만히 있어

- 똑같은 문장을 의문문으로 말해 본다.
- 똑같은 문장을 평서문으로 말해 본다.
- 똑같은 문장을 명령문으로 말해 본다.
- 똑같은 문장을 의문문, 평서문, 명령문으로 말해 본다.

Lesson 51

말하기는 목소리다-억양 패턴 2

예시)

문장을 읽어 보세요.

- 인내는 유익과 결실로 좋은 결과를 준다
- 좋은 마음을 가진 사람도 있고 나쁜 마음을 가진 사람도 있어
- '세상의 중심은 바로 당신이다'란 말이 있잖아
- 시작해. 그 자체가 대단한 거야
- 실패했다고 해도 걱정하지 마
- 어디를 가든지 마음을 다해야지
- 영원히 살 것처럼 꿈꾸고 오늘 죽을 것처럼 살아라!

이번에는 체크한 부분을 강조해서 읽어 보세요.

- 인내는 유익과 결실로 **좋은 결과를 준다**
- 좋은 마음을 가진 사람도 있고 나쁜 마음을 **가진 사람도** 있어
- '세상의 중심은 **바로 당신이다**'란 말이 있잖아
- **시작해**. 그 자체가 대단한 거야
- **실패했**다고 해도 걱정하지 마
- 어디를 가든지 **마음을 다**해야지
- 영원히 살 것처럼 꿈꾸고 오늘 죽을 것처럼 **살아라**!

Lesson 52

말하기는 목소리다-억양 패턴 3

세일즈 현장에 가서 고객 응대 스크립트를 최면언어 스크립트로 바꾸어 만들었는데 그 스크립트에는 형광펜이 칠해져 있는 부분이 있었습니다.
강조하고 싶은 키워드는 더 크고 감정을 담아 말하곤 했죠.
여기서 감정을 담는다는 것은 하나의 이유가 더 있는데
특정한 단어를 말할 때는 어조를 바꿈으로써 부가적인 힘을 더해 주기 때문입니다.
그 방법은 부드럽고 깊은 목소리로 천천히 길게 이야기하는 것입니다.

성직자, 강연가 중에 특별한 분들은 이것을 효과적으로 사용합니다.
감사 – 가아암사아아
좋아요 – 조아아욧오오오
행복 – 해에엥보옥오

긍정적 핵심단어를 이렇게 부드럽게 깊게, 천천히, 길게 말하면 내부적으로 암시의 효과를 주게 됩니다.

- 하루하루 **감아암사아아** 합니다
- 당신이 있어서 너무 **조아아욧오오오** 라고 했어요
- 여자라서 **행에엥보옥오** 해요

Lesson 53

말하기는 목소리다 - 억양 패턴 4

이제는 더 나아가 더 높은 수준의 기법을 공개하려 합니다.
이야기하는 그 내용 중에 상대가 알아차릴 수 없는 진짜 메시지를 암시하고 본인이 원하는 상태로 진입시킬 수 있습니다.
최면가에게는 화제가 됐던 연설문인데 바로 미합중국 전 대통령 오바마의 연설문입니다. 소리 내서 읽어 보세요.

"국민 여러분! 저는 여러분들 앞에 맹세하건대, 지킬 수 있는 약속만을 말씀드릴 것입니다. 일부 몰지각한 후보들은, 내가 바로 하늘이 점지한 대통령 후보니까 나를 찍어라! 나를 찍는 것은 곧 나라를 구하는 것이다! 이런 낯 뜨거운 소리를 아무렇지도 않게 하고 있습니다. …(중략)… 여러분 모두가 알고 있는 세계적인 위대한 정치가 ○○○는 대국민 연설에서 다음과 같이 말했다고 합니다. 여러분은 오직 나를 믿어라! 나를 믿고 나를 지지하는 이상, 새로운 세상은 반드시 온다! 그리고 그는 자신의 약속을 지켜냈습니다. …(중략)… 또한 그는 이렇게도 말했습니다. 모든 대중의 사랑은 나를 향하고 있다. 대중의 사랑과 관심을 한 몸에 받는 나야말로 진정한 지도자가 될 수 있다. …(중략)…. 여러분 저는 어떻습니까? 저 역시 행동으로, 결과로 국민 여러분들 앞에 증명해 낼 것입니다. 하지만 저는 이 자리에서 결코 ○○○와 같은 호언장담을 하지는 않을 것입니다! 저는 가장 낮은 자리에 이르는 자가 될 것이며, 자신이 지도자로서 부끄럽지 않은지 끊임없이 성찰하는 겸허한 지도자가 될 것입니다!"

Lesson 53-2

이번에는 진한 부분의 문장만 강조해서 읽어 보세요.

"국민 여러분! 저는 여러분들 앞에 맹세하건대, 지킬 수 있는 약속만을 말씀드릴 것입니다. 일부 몰지각한 후보들은, **내가 바로 하늘이 점지한 대통령 후보니까 나를 찍어라! 나를 찍는 것은 곧 나라를 구하는 것이다!** 이런 낯 뜨거운 소리를 아무렇지도 않게 하고 있습니다. …(중략)… 여러분 모두가 알고 있는 세계적인 위대한 정치가 ○○○는 대국민 연설에서 다음과 같이 말했다고 합니다. **여러분은 오직 나를 믿어라! 나를 믿고 나를 지지하는 이상, 새로운 세상은 반드시 온다!** 그리고 그는 자신의 약속을 지켜냈습니다. …(중략)… 또한 그는 이렇게도 말했습니다. **모든 대중의 사랑은 나를 향하고 있다.** 대중의 사랑과 관심을 한 몸에 받는 **나야말로 진정한 지도자가 될 수 있다.** …(중략)…. 여러분 저는 어떻습니까? 저 역시 행동으로, 결과로 국민 여러분들 앞에 증명해 낼 것입니다. 하지만 저는 이 자리에서 결코 ○○○와 같은 호언장담을 하지는 않을 것입니다! 저는 가장 낮은 자리에 이하는 자가 될 것이며, 자신이 지도자로서 부끄럽지 않은지 끊임없이 성찰하는 겸허한 지도자가 될 것입니다!"

Lesson 54

암시적으로 끼워 넣은 명령문 1

문장을 평서문이나 적정한 목소리로 연설하다가
진한 부분을 강조해서 읽게 되면
무의식적으로 간접적 암시가 되게 됩니다. 이렇게 말이죠.

내가 바로 하늘이 점지한 대통령 후보니까 나를 찍어라!
나를 찍는 것은 곧 나라를 구하는 것이다.
여러분은 오직 나를 믿어라!
나를 믿고 나를 지지하는 이상, 새로운 세상은 반드시 온다!
모든 대중의 사랑은 나를 향하고 있다.
나야말로 진정한 지도자가 될 수 있다.

Lesson 55

암시적으로 끼워 넣은 명령문 2

마음에 드는 이성에게 무의식 차원에서
간접적 암시를 하기 위해서 이렇게도 할 수 있겠죠.

저희 누나가 일찍 결혼해서 벌써 아기를 낳고 행복하게 잘살고 있거든요.
첨엔 몰랐는데 **볼수록 사랑스럽다는** 생각이 들더라고요.
매형이랑 어찌나 **뜨겁게 사랑에 빠져** 버렸는지, 정말 **가슴을 활짝 열고,** 서로에게 모든 것을 다 맡기고 절대로 포기하지 않더라고요.
그 모습을 계속 지켜보니까 마음속에서 뭔가 두근거리는 게 느껴지면서 '아 저런 게 사랑이구나. **서로를 열렬히 좋아하고 아낀다**는 게 이런 거구나' 하는 걸 알게 되더라고요.

Lesson 56

암시적으로 끼워 넣은 명령문 3

그럼 이렇게 느낌이나 감정, 간접 암시를 받아들이게 됩니다.
물론 진한 부분에서 눈빛이나 감정을 담아 메시지를 보내야겠죠.

볼수록 사랑스럽다
뜨겁게 사랑에 빠져
가슴을 활짝 열어
서로를 열렬히 좋아하고 아낀다

상대에게 자신이 하고 싶었던 이야기의 감정을 담아 이야기할 수 있지만 다른 사람의 이야기를 하는 것이므로 상대도 자신도 부담을 덜 주면서 원하는 메시지를 줄 수 있습니다.

Lesson 57

선호하는 감각

우리는 인간인 이상 다섯 가지의 정보만을 받아들일 수 있습니다.
컴퓨터가 많은 정보의 양을 처리하고 다양한 퍼포먼스를 보여 주지만
기계라 바이트 0과 1밖에 인식하지 못합니다.
열 길 물속은 알아도 한길 사람 속은 모른다는 복잡한 인간도 받아들일 수 있는 정보는 고작 5가지 시각, 청각, 촉각, 후각, 미각이라는 오감밖에 없습니다.

사람마다 서로 뛰어난 감각이 다르기에 뛰어난 감각을 주로 사용하고
선택적으로 받아들이거나 사용하는 경향이 있습니다.
우리는 이렇듯 가장 선호하는 감각을 무의식적으로 충족시키려 하거나 언어로 내보냅니다.
사실 너무나 당연한 이야기입니다.

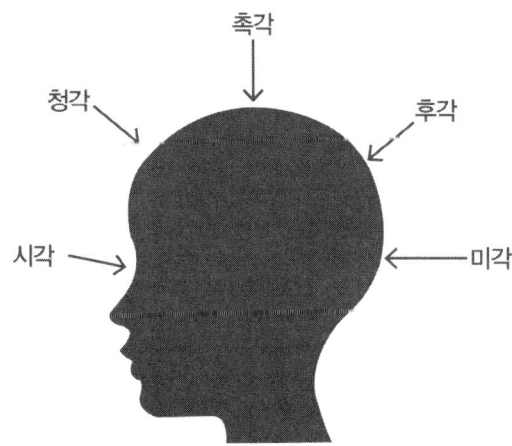

입력된 것이 출력돼서 나가듯

오감(시각, 청각, 촉각, 후각, 미각) 중에서

좋아하거나 발달하여 있는 감각적 단어나 문장, 표현이 나타날 수밖에 없습니다.

(후각, 미각은 최우선 선호감각으로 1% 미만이므로 보조적 역할로 사용합니다.)

Lesson 58

선호하는 감각언어 사용하기

사람마다 선호하는 감각이 있습니다.
이것은 보이게, 보이지 않게 많은 영향력을 끼칩니다.
여름휴가 계획을 세우며 바닷가를 이야기할 때
시원한 바닷가의 풍경을 이야기하기도 하고
파도 소리, 갈매기 소리를 이야기하기도 하고
백사장을 밟을 때나 파도의 감촉을 이야기하는 사람도 있습니다.
인간은 정보를 받아들이는 것이 다섯 가지밖에 존재하지 않습니다.
시각, 청각, 촉각, 후각, 미각 다섯 가지여서 다섯 가지의 감각을 가지고 있고 이 중에 선호하는 감각이 있습니다.
이렇게 선호하는 감각을 좋아하고, 충족되기를 바라고 선호하는 감각의 언어를 사용합니다.

아이들은 집에 들어와 "엄마~"라고 부르며
엄마를 보고(시각적 충족) 자기 방 안에 들어가는 아이가 있고
엄마의 대답을 듣고(청각적 충족) 방 안에 들어가는 아이가 있고
엄마에게 달려가 품 안에 안긴(촉각적 충족) 뒤에 방으로 들어가는 아이가 있습니다.

연애를 할 때에도
좋은 곳을 구경 가고 다양한 데이트코스를 가야(시각적 욕구) 만족하거나
사귀자고 분명하게 말을 하고 들어야(청각적 욕구) 안정감을 찾기도 하고

더워도 꼭 손을 잡아주거나(촉각적 욕구) 포옹을 해줘야 만족감을 얻기도 합니다.

최면을 할 때에도

최면가가 촉각형일 때 "가장 행복한 때를 떠올리면 어떻게 느껴져요?"라고 이야기했을 때 고객이 시각형이라면 굉장히 어려워하거나 답변을 못 하는 경우도 종종 발생합니다. 그럴 때 "가장 행복한 때를 생각하면 어떻게 보여요?"라고 바꾸어 말하면 고객이 쉽게 답변하는 것을 알 수 있습니다.

이렇듯 고객이 선호하는 감각단어를 사용할 때 쉽게 다가가고 이해시킬 수 있습니다.

Lesson 59

시각형 외향적 단서

깔끔하고 정리 정돈을 잘함

그림이나 모습을 봄으로써 기억

주변이 정돈되고 깨끗해야 정신집중을 잘함

어떤 일을 하더라도 그것이 어떻게 보이는지에 대해서 관심

〈시각형이 사용하는 감각단어 단서〉

보다

바라보다

나타나다

보여 주다

드러나다

투명한

묘사하다

얼핏 보다

번뜩 보이다

색깔이 다르다

~처럼 보인다

시켜보다

내가 보기에

얼핏 보니까

눈에 잘 띄는

Lesson 60

청각형 외향적 단서

소음에 민감

소리로 기억하는 특성 가짐

독백을 많이 함

독백을 많이 함

〈청각형이 사용하는 감각단어 단서〉

듣다
경청하다
소리를 내다
귀 기울이다
집중하다
들리다
울려 퍼지다
감미로운
귀 기울이는
말하자면
들어보지 못한
말 그대로
화음이 좋다
박식한
들리는 곳에
언어능력

Lesson 61

촉각형 외향적 단서

말을 천천히 하며 말하는 도중 멈추기도 함

다른 사람들과 가까이서 이야기함

감정에 민감. 느낌에 강함

신체접촉을 좋아함(자기 몸을 만지거나 상대 터치가 잦음)

〈촉각형 감각단어〉

느끼다

만지다

움켜쥐다

접촉하다

무감각한

단단한

들러붙다

힘쓰다

골치 아픈

뒤죽박죽

내던지다

차가운

감지하다

자극하다

둔감하다

Lesson 62

감각단어 연습하기

감각언어 시각, 청각, 촉각의 예시단어를 보고
이해하는 데 힌트를 얻었다면
이제 자신이 하는 말, 썼던 글들을 가지고
시각, 청각, 촉각의 단어를 분류해 봅니다.

- 자신이 하는 글이나 말을 분류해 본다.

- 상대를 정한 후 경청하며 감각단어를 분류해 본다.

- 도서나 글들을 무작위 선정하여 감각단어를 분류해 본다.

- 상대의 선호하는 감각언어 위주로 말해 보자.

Lesson 63

눈동자 움직임 전략

선호하는 감각으로 정보를 받아들이고 내보낸다는 것을 알게 됐습니다.

그런데 그것이 충족하려는 욕구와 선호하는 감각언어로 드러나기도 하지만 눈동자 움직임에서도 나타납니다.

최면술사는 상대의 눈동자 움직임을 보고 전략적 언어를 사용하기도 합니다. 우선 눈동자 움직임 도식부터 살펴보겠습니다.

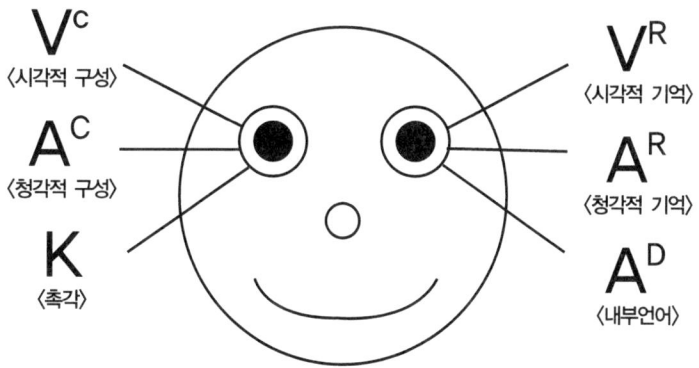

눈동자 움직임과 관련되는 이유는 시신경과 뇌의 연결 때문입니다.

시각적인 감각을 활용하기 위해서는 시신경과 연결되어 있는 후두엽을 자극하기 위해 눈동자를 위쪽으로 올려야 활성화가 됩니다.

청각적인 감각을 활용하기 위해서는 측두엽을 자극하기 위해 눈동자를 좌우로 움직일 때 활성화가 됩니다.

촉각적인 느낌이나 사기와의 대화는 전두엽을 자극하기 위해 아래쪽으로 움직일 때 활성화가 됩니다. 눈동자의 움직임은 순간적으로 나타나는 자연스러운 현상입니다. 그 찰나를 인지하고 활용하도록 합니다.

Lesson 64

눈동자 움직임 질문

눈동자 움직임은 사람마다 좌우가 다를 수 있기에 자연스러운 대화 속에서 확인해 보는 것이 좋습니다. 질문을 통해 눈동자 움직임을 관찰해 보세요.

시각적 기억: 기억 속의 이미지를 본다. 과거에 본 적이 있는 사물을 떠올린다.
- 어린 시절 가장 좋아했던 색은 무슨 색이었나요?

시각적 구성: 본 적이 없는 사물의 이미지를 상상하면서 떠올린다.
- 자신의 방이 초록색이라면 어떻게 생겼을까요?

청각적 기억: 언젠가 들었던 소리나 전에 자신이 속으로 했던 말을 기억한다.
- 어머니 목소리는 어떤 소리인가요?

청각적 구성: 과거에 들어 본 적 없는 소리를 구성한다.
- 가령 내 목소리가 외계인 목소리처럼 난다면 어떻게 들릴까요?

내부언어: 혼잣말할 때 시선이 향하는 곳.
- 자신에게 가장 많이 하는 말은?

촉각(느낌, 촉감): 자신의 느낌에 접근할 때 방향을 본다.
- 따뜻함을 느껴 보세요.

Lesson 65

눈동자 움직임으로 감각 상태 알기

대화 도중 눈동자의 움직임을 보면서 어떤 감각 상태에 있는지 유추할 수 있습니다.

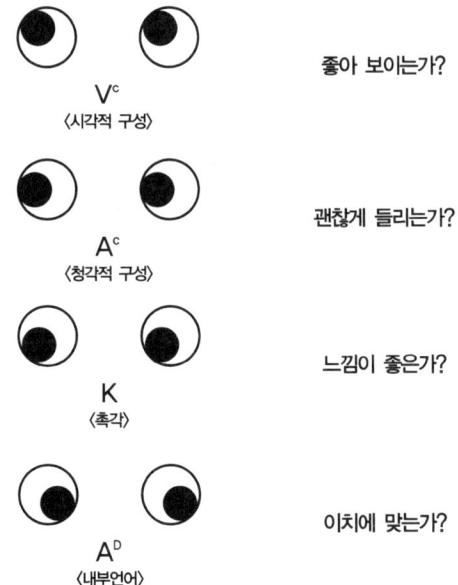

좋아 보이는가?

괜찮게 들리는가?

느낌이 좋은가?

이치에 맞는가?

Lesson 66

시각적 기억감각 상태

시각적 기억감각에 해당하는 단어, 문장을 적어 보세요.

5단어 적기:

2문장 적기

Lesson 66-2

청각적 기억감각 상태

청각적 기억감각에 해당하는 단어, 문장을 적어 보세요.

5단어 적기:

2문장 적기

Lesson 66-3

촉각적 기억감각 상태

촉각적 감각에 해당하는 단어, 문장을 적어 보세요.

5단어 적기:

2문장 적기

Lesson 66-4

내부언어감각 상태

내부언어감각에 해당하는 단어, 문장을 적어 보세요.

5단어 적기:

2문장 적기

Lesson 66-5

시각적 구상 상태 감각

시각적 구상감각에 해당하는 단어, 문장을 적어 보세요.

5단어 적기:

2문장 적기

Lesson 66-6

시각적 구상 상태 감각

청각적 구상감각에 해당하는 단어, 문장을 적어 보세요.

5단어 적기:

2문장 적기

Lesson 66-7

촉각, 느낌 상태 감각

촉각적 구상감각에 해당하는 단어, 문장을 적어 보세요.

5단어 적기:

2문장 적기

이제 실제 대화에서 사용할 수 있도록 연습해 보겠습니다.

3가지 상황에 예문이 있습니다.
상대에게 예문의 질문을 이야기하고 눈동자 움직임에 맞는
답변을 해 보시기 바랍니다. 자유롭게 대답해 보세요.

그럼 시작해 보겠습니다.

Lesson 67

시각형에 맞는 멘트하기

1. 주말에 뭐 할까?

2. 등산 같이 갈까?

3. '드림카'라고 말하던 자동차를 계약했다고??

Lesson 67-2

내부언어에 맞는 멘트하기

1. 주말에 뭐 할까?

2. 등산 같이 갈까?

3. '드림카'라고 말하던 자동차를 계약했다고??

Lesson 66-3

청각형에 맞는 멘트하기

1. 주말에 뭐 할까?

2. 등산 같이 갈까?

3. '드림카'라고 말하던 자동차를 계약했다고??

Lesson 66-4

시각형에 맞는 멘트하기

1. 하고 싶은 결혼식 있어?

2. 하고 싶은 패션 스타일은?

3. 어떤 이성 스타일이 좋아?

Lesson 66-5

내부언어에 맞는 멘트하기

1. 하고 싶은 결혼식 있어?

2. 하고 싶은 패션 스타일은?

3. 어떤 이성 스타일이 좋아?

Lesson 66-6

청각형에 맞는 멘트하기

1. 하고 싶은 결혼식 있어?

2. 하고 싶은 패션 스타일은?

3. 어떤 이성 스타일이 좋아?

Lesson 67-7

시각형에 맞는 멘트하기

1. 부모님이 편찮으셔서 입원하셨다고?

2. 친구 결혼식에 갔다 오니까 어때?

3. 가장 (멋있다고/예쁘다고) 생각할 때는 언제야?

Lesson 67-8

내부언어에 맞는 멘트하기

1. 부모님이 편찮으셔서 입원하셨다고?

2. 친구 결혼식에 갔다 오니까 어때?

3. 거장 (멋있다고/예쁘다고) 생각할 때는 언제야?

Lesson 67-9

청각형에 맞는 멘트하기

1. 부모님이 편찮으셔서 입원하셨다고?

2. 친구 결혼식에 갔다 오니까 어때?

3. 가장 (멋있다고/예쁘다고) 생각할 때는 언제야?

이번에는
중급단계까지 올려 보겠습니다.
눈동자의 움직임이 두 번 움직일 때 순서대로 멘트를
연습해 보세요.

Lesson 68

촉각형 멘트-시각형 멘트 순서대로 하기

1. 시골집에 가서 할아버지, 할머니 뵙고 좋았겠다.

2. 취미로 하는 에어로빅 대회 출전했다며 어땠어?

Lesson 68-2

시각형 멘트-내부언어 멘트 순서대로 하기

1. 시골집에 가서 할아버지, 할머니 뵙고 좋았겠다.

2. 취미로 하는 에어로빅 대회 출전했다며 어땠어?

Lesson 68-3

촉각형 멘트-내부언어 멘트 순서대로 하기

1. 시골집에 가서 할아버지, 할머니 뵙고 좋았겠다.

2. 취미로 하는 에어로빅 대회 출전했다며 어땠어?

Lesson 68-4

청각형 멘트-촉각형 멘트 순서대로 하기

1. 핸드폰 프리미엄 최신 폰으로 구매했다며?

2. 이사한 집은 어때?

Lesson 68-5

촉각형 멘트-시각형 멘트 순서대로 하기

1. 핸드폰 프리미엄 최신 폰으로 구매했다며?

2. 이사한 집은 어때?

Lesson 68-6

시각형 멘트-촉각형 멘트 순서대로 하기

1. 핸드폰 프리미엄 최신 폰으로 구매했다며?

2. 이사한 집은 어때?

Lesson 68-7

촉각형 멘트-내부언어 멘트 순서대로 하기

1. 핸드폰 프리미엄 최신 폰으로 구매했다며?

2. 이사한 집은 어때?

Lesson 68-8

청각형 멘트-촉각형 멘트 순서대로 하기

1. 네가 가고 싶어 하던 콘서트 다녀왔다며?

2. 3박 4일 가족여행은 어땠어?

Lesson 68-9

촉각형 멘트-시각형 멘트 순서대로 하기

1. 네가 가고 싶어 하던 콘서트 다녀왔다며?

2. 3박 4일 가족여행은 어땠어?

Lesson 68-10

시각형 멘트-촉각형 멘트 순서대로 하기

1. 네가 가고 싶어 하던 콘서트 다녀왔다며?

2. 3박 4일 가족여행은 어땠어?

Lesson 68-11

촉각형 멘트-내부언어 멘트 순서대로 하기

1. 네가 가고 싶어 하던 콘서트 다녀왔다며?

2. 3박 4일 가족여행은 어땠어?

Lesson 69

커뮤니케이션의 핵심

눈동자 움직임에 맞는 멘트 연습으로
이제는 실제에서도 하실 수 있겠죠?

커뮤니케이션은
얼마나 객관적으로 다가가는 것이 중요한 것이 아니라
얼마나 상대에게 맞도록 주관적으로 다가는지가
핵심입니다.

익숙해질 때까지 습득하고 대화해 보세요.
어느 순간 노력하지 않고도 편안하게 대화하실 수 있습니다.

Lesson 70

연금술의 언어 특징 1

연금술의 언어는 **전략적 불명료**하게 말하기와
구체적 세밀하게 말하기로 이루어져 있습니다.
그러나 70% 이상은 전략적 불명료하게 말하기를 사용합니다.

연금술 언어는 이러한 속성과 특징들이 있습니다.

- 추상적이고 애매한 말을 사용합니다.
- 큰 덩어리로 말을 합니다.
- 보다 일반적인 언어를 사용합니다.
- 이야기의 표층에서 심층구조로 이동합니다.
- 전반적인 이해를 찾습니다.
- 무의식적인 자원의 접근이 목적입니다.
- 상대를 내적으로 집중시킵니다.
- 모호함으로 상대의 마음세계를 확장시킵니다.
- 상대에게 도움이 되는 새로운 신념을 형성합니다.

Lesson 71

연금술의 언어 특징 2

연금술의 언어는 왜 전략적으로 불명료하게 이야기할까요?
무엇을 말하는 것도 중요하지만 무엇을 말하지 않아야 하는지도 중요하기 때문입니다. 전략적으로 빼놓은 상태로 이야기해서 상대가 채우게 하기 위함입니다.
물론 상대가 자신의 상상력으로 어렵지 않게 채우도록 설계합니다.

제가 좋아하는 소설 중에 가르시아 마르케스의 '내 슬픈 창녀들의 추억'을 좋아합니다. 소설에서 나오는 여주인공으로 '델가디나'라는 소녀가 나옵니다. 2~3년에 한 번씩은 읽는데 우연히 영화로 나온 것을 알고 설레는 마음으로 결제를 하고 다운받아 영화를 플레이했습니다.
얼마나 설레고 흥분했는지 모르실 겁니다.
그런데 보는 내내 실망을 하다가 끝까지 보는 것을 포기했습니다.
재미없는 영화도 끝까지 보는데, 기대한 영화였음에도 불구하고 감상을 중단했습니다. 왜냐하면 소설을 읽으면서 제가 상상한 '데가디나'는 남미 특유의 육감적인 느낌의 건강한 소녀였습니다. 영화의 '델가디나'는 20대 중반의 마른 느낌의 여배우였습니다. 이렇듯 소설과 영화의 큰 차이를 느끼신 분이 많을 걸로 짐작합니다.

불명료하게 이야기해서 상대의 상상력으로 채우게 하는 것은,
그것이 가장 큰 효과를 발휘하기 때문입니다.
'당신이 생각하는 가장 멋진 해변을 떠올려 보세요'를 해서
상대가 스스로 최대한 상상력을 발휘하게 하는 것이지

정확하게 꼭 찍어 '경포대 해변을 떠올려 보세요'는 하지 않는 것입니다.
주관적이고 감정적으로 최대한 집중하게 하기 위해서죠.
그렇기에 연금술의 언어는 정확한 위치나, 인물묘사, 시간을 등을 말하지 않고 상대의 경험, 기대, 상상력으로 채우게 합니다.
'전략적인 애매함의 예술' 연금술 언어란 바로 이런 것입니다.

Lesson 72

연금술의 언어특징 3

연금술의 언어에서 전략적 불명료하게 말하기의 비중보다는 작지만
구체적 세밀하게 말하기도 전략적으로 사용합니다.
과격한 표현으로는 **연금술을 깨는 연금술**로 연금술을 무력하게 만들거나
어떤 논쟁에서도 우위에 설 수 있는 언어술입니다.
특징으로는 이렇습니다.

- 구체적이고 한정적인 말을 사용합니다.
- 작은 덩어리로 말합니다.
- 구체적인 언어를 사용합니다.
- 정확한 사례를 찾습니다.
- 의식적인 경험의 자각을 목적으로 합니다.
- 상대를 외적으로 집중합니다.
- 상대의 마음세계를 제한합니다.
- 상대에게 깨달음을 주어 의식을 확장합니다.

심리학에서는 치료언어로 불리며 최면언어의 반대속성의 원리를 지닙니다.

Lesson 73

연금술의 언어특징 4

구체적 세밀하게 말하기는
언어술을 무력화시키는 언어술로
생략, 왜곡, 일반화 모델 원리의 반대 원리를 적용합니다.

생략된 언어모델에서 생략된 내용을 찾고
왜곡된 언어모델에서 왜곡된 정보를 바로잡고
일반화 언어모델에서 원인을 다시 찾아냅니다.

일상적인 커뮤니케이션에서는 내용을 자세하게 알고 싶을 때 사용되며 상담이나 세일즈 현장에서는 고객의 결정된 결과를 바꾸는 것에 활용합니다. 원인으로 인한 결과에서 원인을 바꿈으로써 결과에 영향을 주는 것입니다. 상대가 내린 결정이나 결과를 다시 원인인 과정으로 돌려놓음으로써 부수적으로 알게 되는 것은 원인, 가치, 중요도, 우선순위, 사용된 신념들 등이며 그로 인해 마음을 돌릴 수 있는 수많은 전략과 방법을 세울 수 있다는 것입니다.

전략적 불명료하게 말하기와 전략적 구체적 말하기
이 두 가지 언어술을 익혀 상황에 맞게 활용할 수 있도록 합니다.

이제 연금술사의 언어모델을 레슨합니다.
언어모델을 이해하는 것과 이해한 것을
의도적으로 사용하는 것에서 시작하십시오.

Lesson 74

삭제된 언어 패턴

연금술 언어는 전략적인 모호성으로 말을 함으로써 자신의 내면의 힘을 끌어내고 빼놓은 대화의 문구를 상대가 상상력을 발휘해서 채워나간다는 것을 알게 됐습니다. 이번 레슨에서는 삭제해서 대화하는 방법에 대해 알아볼 것입니다.

주된 명사를 삭제해서 대화하고

구체적이지 않은 비교로 대화하고

한정 받지 않는 동사로 대화하고

특정한 부분을 끄집어내지 않는 어구로 대화하는

삭제된 언어 패턴입니다.

Lesson 74-2

단순삭제
Simple Deletion

주된 명사를 삭제합니다.

무엇을

얼마나

얼마만큼

어디로

어떤 일을 등등

주된 명사를 삭제하고 대화하는 모델입니다.

Lesson 74-3

단순삭제 예문

훌륭한 일을 하고 있군요

의미 있는 일이에요

멋진 일이에요

잘해 왔군요

무엇을 원하는지 알아요

이미 알고 있어요

좋은 일을 하셨군요

그런 일이군요

잘하고 싶었는데…

나도 하고 싶은데…

원하는군요

오늘 큰일 했어

대단해

하고 싶지

먹고 싶지

가 볼까

나가 볼까

줄 수 있는 만큼 줘

하고 싶은 만큼 해

해도 되잖아

잘했어

할 거지

Lesson 74-4

단순삭제 문장 만들기

예문의 아이디어를 얻어서 10개의 단순삭제 문장을 만들어 보세요.

1.

2.

3.

4.

5.

6.

7.

8.

9.

10.

Lesson 75

비교삭제
Comparison Deletion

비교를 하지만 무엇과 누구와 비교하는지 구체적이지 않습니다.

비교는 비교의 기준에 따라 관점이 달라집니다.
새벽 5시에 일어나 일하는 사람에게 오전 11시에 일어나는 사람은 게으르지만
오후 3시에 일어나는 사람에게는 아무렇지도 않습니다.
농구를 잘하는 동호회 회원도 프로선수 기준에서는 기량이 떨어집니다.
최면언어 커뮤니케이션에서는 비교를 하지만 비교 대상이나 사물을 밝히지 않거나
불명료하게 밝혀서 긍정적 효과를 불러일으키도록 합니다.

Lesson 75-2

비교삭제 예문

그래서 그게 어느 정도 옳은 일입니다
그 정도가 맞다고 보시면 돼요
이 정도면 충분합니다
지금까지 중에 최고예요
이런 사람을 본 적이 없어요
제일 예뻐요
가장 멋져요
누구와도 손색없어요
좋은 가격입니다
비싸군요
완전 저렴해요
이렇게 아름다운 것은 본 적이 없어요
최고의 성능입니다
괜찮지 않아
이 정도면 잘하는 거지
좋다
잘한다고 봐야 합니다
이 정도면 상당히 빠른 거야
월등해
훨씬 좋아요

Lesson 75-3

비교삭제 문장 만들기

예문의 아이디어를 얻어서 10개의 비교삭제 문장을 만들어 보세요.

1.

2.

3.

4.

5.

6.

7.

8.

9.

10.

Lesson 76

불특정동사
Unspecified Verd

목적을 가지는 행동이 나타나지 않는 언어모델입니다.

왜 목적이 있는 행동을 삭제해서 이야기할까요?

목적을 이루는 방법은 너무나 많기 때문입니다.

상대의 아이디어, 방법, 행동들은 당사자가 선택하고 행동하는 것에

제약을 주지 않도록 사용하는 용도로 쓰입니다.

Lesson 76-2

불특정동사 예문

당신은 될 수 있습니다
빨리 도착할 수 있어요
곧 완성시키겠습니다
마무리 짓겠습니다.
상위권에 들겠어요
연봉 5천만 원은 받을 거야
빌려준 돈은 받아야지
깨끗하게 해야지
반드시 입사할 거야
시험에 붙을 거야
나도 사장이 될 거야
성공해야지
벤츠를 꼭 탈 거야
내 여자로 만들 거야
연락하자
다시 만나자
꼭 이룰 거야
잘될 수밖에 없어
곧 될 텐데 뭘…
월 1,000만 원은 벌어야지

Lesson 76-3

불특정동사 문장 만들기

예문의 아이디어를 얻어서 10개의 불특정동사 문장을 만들어 보세요.

1.

2.

3.

4.

5.

6.

7.

8.

9.

10.

Lesson 77

불특정지시대상
unspecified referential index

청자의 경험에서 특정한 부분을 끄집어내지 않는 어구

(지시하는 대상을 삭제함)

불특정을 대상으로 하기에 상대를 꼭 집어
이야기하지 않기 때문에 부담을 덜 주게 됩니다.
하지만 암묵적으로는 상대를 지정하고 있는 성격을 띱니다.

Lesson 77-2

불특정지시대상 예문

누구든지 할 수 있어요

이 정도는 하더라고요

여기서는 잘하게 돼

이것으로 못하는 사람이 없어

그걸 배우면 다 되더라고

그 시험 떨어진 사람은 못 봤어

그런 것을 원하더라고

거기서는 잘할 수밖에 없어

낙오 없이 수료하더라고

잘생긴 사람을 원하니까

성실한 사람을 선호해

나이 차이는 나지만 괜찮잖아

열정적으로 해

집중만 하면 붙더라고

특별한 날엔 만나야지

이 정도 연락하고 지내면 사귀더라고

거기만 가면 친해져

마음만 먹으면 할 수 있어요

마음이 있다면 만날 수 있어

Lesson 77-3

불특정지시대상 문장 만들기

예문의 아이디어를 얻어서 10개의 불특정동사 문장을 만들어 보세요.

1.

2.

3.

4.

5.

6.

7.

8.

9.

10.

Lesson 78

명사화
Nominalization

시간성이 없는 단어를 명사로 만드는 과정

우리는 이름을 정하거나 붙이는 것을 선호합니다.
왜냐하면 이름이 정해질 때 의미가
달라지고 전략을 세울 수 있기 때문입니다.

Lesson 78-2

명사화 예문

오늘부터 시작하죠

같은 동료끼리 잘해 봐요

친구 안 해. 연인 할 거야

그냥 아는 사이 말고 연인 하자

당신에게 새로운 능력을 얻게 해줍니다

분별력이 생길 거예요

통찰력이 중요해요

감동받으실 겁니다

행복한 감정이죠

내 마음입니다

사랑한다는 말이에요

낡음을 버리고 새로움을 선택해요

슬퍼하지 말고 자유를 즐기자

건강을 위해 운동하자

청결이 중요하군요

고객을 만족시켜야 합니다

성취하고 싶군요

이익이 생깁니다

자부심을 느끼고 싶으시군요

개선시키는 것이 제 일입니다

변화해서 좋은 결과를 만듭니다

Lesson 78-3

명사화 문장 만들기

예문의 아이디어를 얻어서 10개의 명사화 문장을 만들어 보세요.

1.

2.

3.

4.

5.

6.

7.

8.

9.

10.

Lesson 79

왜곡 패턴

언어의 한계, 대화의 효율성,
아니 모든 커뮤니케이션은 왜곡될 수밖에 없습니다.
언어를 분해, 분석하게 되면 극단적 표현으로
왜곡이 안 된 문장을 찾기 어려울 정도입니다.

논리적으로 왜곡하고
의미를 왜곡하고
공감을 왜곡하고
가치판단을 왜곡하여
긍정적 방향으로 이끄는 왜곡 패턴 모델입니다.

Lesson 80

원인과 결과
Cause-Effect

한 가지 일이 다른 일의 원인이 된다는 의미를 내포합니다.

원인과 결과는 아주 밀접한 관계를 맺고 있습니다.
이 둘은 단단한 논리로 연결되어 있는 듯 보이며
누구라도 인정할 수밖에 없는 듯 들리는 언어 패턴입니다.

Lesson 80-2

원인과 결과 예문

내 손을 잡으면 시작할 수 있어

둘이 같이 하면 훌륭한 결과가 날 거야

시작했으면 끝내야만 해

이 의자에 앉으면 편안해질 거야

그 사람을 만나면 해결될 거야

하나만 먹어도 한 세트 구매할 걸

한 번만 해봐도 나랑 하자고 할 걸

시작하면 끝장을 볼 수밖에 없어

고개만 끄떡이면 다시 시작할 수 있어

나랑 사귀게 되면 무척 즐거울 거야

네가 시작하면 소개해 줄게

너 때문에 행복해

네가 좋으면 나도 좋아

행복해지려면 나 만나면 돼

내가 사 온 음식 먹으면 입맛 돌걸

이 약 먹으면 나을 거야

키스했으면 사귀는 거지

너 때문에 난 다른 사람이 됐어

보고 싶다면 만나자

만약 우리가 다시 만난다면 다시는 널 놓치지 않을 거야

Lesson 80-3

원인과 결과 문장 만들기

예문의 아이디어를 얻어서 10개의 원인과 결과 문장을 만들어 보세요.

1.

2.

3.

4.

5.

6.

7.

8.

9.

10.

Lesson 81

마인드 리딩
Mind Reading

잘만 사용한다면

'내 마음을 잘 아는 사람'

'이해해 주는 한 사람'

'아무도 몰라주지만 저 사람은 내 마음을 이해해 줘.'

'독심술 할 줄 아는 사람인가?'라고 생각할지 모릅니다.

최면상담에서 마인드 리딩으로 상담이 완료되는 경우도 있습니다.

재미난 것은 상담사가 상담이슈를 처리했는데 상담의 내용을 모르는 경우입니다.

고객이 내부에서 처리하고 '감사합니다. 다 해결되었습니다' 하는데 어떻게

해결되었냐고 물어볼 수는 없지 않습니까?

최면 상태에서 눈물을 흘리는데 무엇 때문에 우는지 알 수 없기에

한탄하듯 크게 한숨을 내쉬면서

'힘들었죠?'

'외로웠죠?'

'아무도 알아주지 않았죠?'

불명료한 말들을 합니다.

무엇이 힘들었는지, 무엇이 외로웠는지, 무엇을 알아주지 않았는지

모르지만 상대가 스스로 채워 가면서 느끼는 것입니다.

마인드 리딩은 이렇게 어느 누군가의 생각이나 느낌을 아는 것같이 말하는 것입니다.

Lesson 81-2

마인드 리딩 예문

예전보다 성장했다는 거 알잖아

운동하면서부터 자신감 생긴 거 알지

예전보다 빨라진 거 알지

사실은 네가 원한다는 거 알고 있어

궁금해하고 있다는 거 다 알아

커뮤니케이션을 개선해야 한다는 거 깨닫고 있잖아

바꾸고 싶어 하잖아

이미 알고 있잖아요

좋게 생각하는 거 알아요

별로라고 생각하죠

당신은 알고 있어요

오늘따라 기분이 좋아 보이네

더 잘하고 싶어 하는 마음이 있다는 거 알아

그 사람 궁금해하고 있다는 거 알아

알잖아! 우리는 무한한 자원이 있다는 거

아닌 척하지만 고민하고 있는 거 잘 알지

너의 따뜻한 마음이 느껴져

하고 있는 일에 사부심을 갖고 있군요

이미 알고 있겠지만 결단해야 돼

우리 모두가 다 알고 있는 사실 아닌가요

알다시피 요즘 그렇잖아요

Lesson 81-3

마인드 리딩 문장 만들기

예시와 예문의 아이디어를 얻어서 10개의 마인드 리딩 문장을 만들어 보세요.
(마인드 리딩은 상대를 공감하고 장점을 부각하는 것에만 사용해 보세요.)

1.

2.

3.

4.

5.

6.

7.

8.

9.

10.

Lesson 82

수행자 상실문
Lost Performitive

가치 판단의 행위자가 배제된 가치판단

(구체적이지 못한 비교가 들어갈 수 있다.)

누구나 자신만의 가치가 있고 그 판단의 기준이 있습니다.

상대가 나쁜 가치나 제한된 신념에 대해

시시비비를 따지면 기분 나빠 할 테죠.

그래서 대상자를 빼고 이야기를 하는 것입니다.

애매하게 상대를 지정하지 않았기에 기분이 별로 상하지 않겠지만

상대가 내포되어 있는 언어입니다.

좋은 가치의 경우에 수행자를 제외해도

마치 자기 이야기를 하는 것처럼 기분이 좋아집니다.

Lesson 82-2

수행자 상실문 예문

그 종교를 이상하게 여기는 건 당연한 거야
그 브랜드를 좋아하는 사람은 세련됐어
그걸 사는 것은 안목 있는 거야
이 책을 손꼽으면 깊이가 있지
치료를 받는 것은 중요합니다
1년 이상 했으면 성실하네
지각 안 하고 착실한데
고수익 광고를 의심한다는 건 좋은 생각이야
중독은 나쁜 거야
노력 말고 자체를 안 해야지
약속 어기는 건 인성이 아니야
인정할 줄 알고 솔직하다
전화 연결이 잘 안 되고 비밀이 많나 봐
척 보니까 좋은 사람이야
우연히 봤는데 이상한 거 같아
빨간색을 좋아하는 거로 봐서 열정적이네
눈을 보니까 음흉해
노란색 좋아하고 그림 재밌는 사람이야
잠 못 자고 예민한 사람이야
행동하는 것은 최선의 일입니다

Lesson 82-3

수행자 상실문 문장 만들기

예문의 아이디어를 얻어서 10개의 수행자 상실문 문장을 만들어 보세요.

1.

2.

3.

4.

5.

6.

7.

8.

9.

10.

Lesson 83

복합적 동의성
Complex Equivlence

두 가지가 의미상 동일하다.
(객관적으로는 관계가 없는 두 개의 문장을 마치 등식적인 관계가 있는 것처럼 인식하게 하고 표현하는 것을 말합니다.)

복합적 동의성은 세계 최고의 협상가, 세일즈맨, 정치인, 종교지도자의 설교 등에서 핵심적으로 많이 쓰이는 언어 패턴입니다.
과거의 신념, 가치, 행동을 현재와 묶거나 미래의 목표, 의도와 묶기도 합니다.
일류 브랜드 광고를 보더라도 흔하게 사용된다는 것을 알 수 있습니다.

Lesson 83-2

복합적 동의성 예문

네가 운동을 꾸준히 하는 것과 공부를 해야 하는 것은 같아

나랑 자주 만나 그럼 행복해져

취미를 하면 삶이 풍요로워

종교생활을 하는 건 의미 있는 일이지

날 도와주는 건 네 인생에서도 중요해

게임 잘하네. 공부도 잘할 수 있겠어

날 봐봐. 잘될 거야

아침 먹고 가면 일도 잘 풀릴 거예요

이 음악 들어서 계약해야겠어요

완전 여름 날씨네요. 만날까요

역사를 좋아하는 것과 영어 공부하는 것은 상당히 비슷해

우리가 함께 밥 먹어서 되게 건강해질 거야

깔끔하게 봅시다. 주말인데

멀리서 오셨는데요. 현명하신 분이어서 그래요

정기적으로 하는 건 자기 자신을 사랑하는 거예요

마음을 열 때 만족하실 거예요

여기 오셨다는 것 자체가 대단하다는 거예요.

이것을 배우시면 변할 것임을 의미합니다

이걸 구매하시면 좋았던 그때의 똑같은 기쁨을 느끼실 거예요.

이걸 안 한다는 것은 행복을 포기하는 거예요

Lesson 83-3

복합적 동의성 문장 만들기

예문의 아이디어를 얻어서 10개의 복합적 동의성 문장을 만들어 보세요.

1.

2.

3.

4.

5.

6.

7.

8.

9.

10.

Lesson 84

일반화 패턴

다른 사람들은 다
그렇게 생각하고, 그렇게 행동하고, 그렇게 결과가 나는데
나만 그렇지 않다면 안 되겠다는 생각을 하게 되고
그러한 평균을 맞추려고 하는 것을 활용합니다.

일반화 패턴은 보편적, 일반적, 대중적으로 엮어서 이야기합니다.
일반적으로 엮어서
보편적으로 할 수 있게끔
이미 포함되었다고 전제하거나 암시의 말들을
교묘하게 넣는 언어 패턴 모델입니다.

Lesson 85

보편적 일반화
Universal Quantifier

전부 또는 전무의 차원에서 구체적으로 마치 전체 사례에
해당하는 것처럼 표현하는 것을 말합니다.

북경에서 열렸던 '양자 언어학' 세미나에 참석한 적이 있습니다.
10가지의 단어를 상호 간에 정한 뒤 마음속으로 생각하면
어떤 생각을 했는지 감지하는 훈련과 대화 중에 교묘히
거짓을 말하면 에너지를 감지해 거짓을 찾는 훈련이었습니다.
처음에는 이 훈련이 어려워 마스터 트레이너에게 가서 질문했습니다.
'너무 어렵습니다' 말하자
마스터 트레이너의 '쉬워요. 연습하면 다 돼요. 다 할 수 있어요'란 말에
'아~ 쉬운 거구나. 다 하는 거구나.' 연습해야겠다는 생각밖에 없었습니다.
지금 생각해 보면 아주 어려운 고도의 훈련이었습니다.
그런데 그때는 연습하면 누구나 다 되는 건 줄 알고
쉽게 생각하고 훈련한 결과
2년 후 에너지 감지훈련을 마스터하게 됐습니다.

Lesson 85-2

보편적 일반화 예문

모두가 그래요

전부 다 그래요

전체가 그런 마음이에요

제 모든 거예요

늘 곁에 있어요

항상 지켜 줘요

모든 분이 친절해요

항상 좋습니다

여기 있는 사람들은 다 알아요

항상 친절해요

모든 병원이 다 그래요

다 이 상품을 선택하십니다

다 이렇게 하십니다

항상 행복해요

절대로 후회하지 않을 거예요

이런 상품은 거의 찾기 힘들어요

이 상품은 어디에도 없어요

아무나 다 해요

쉬워요. 다 할 수 있어요

다 하는데 뭘…

Lesson 85-3

보편적 일반화 문장 만들기

예문의 아이디어를 얻어서 10개의 보편적 일반화 문장을 만들어 보세요.

1.

2.

3.

4.

5.

6.

7.

8.

9.

10.

Lesson 86

양식 작동
Mniversal Ouantifier

가능성이나 필요성을 의미하거나 생활에서 규칙의 틀을 구성하는 말들

행동을 유도하는 문장이나 극대화하는 언어 모델입니다.

양식 작동에는 필연성(**MUST**)의 언어와 가능성(**CAN**)의 언어가 있습니다.
마무리, 제안, 암시하는 동사들로, 능력 또는
미래의 가능성을 말할 때 사용하는 표현입니다.

Lesson 86-2

양식 작동 예문

이번 기회를 잡아야 합니다

추가로 하실 수 있습니다

무리해서라도 이건 해야 해

기회를 봐야 해

미루실 필요가 없습니다

이제 할 때가 됐습니다

선택하실 수 있습니다.

아주 빨리 회복할 수 있어요

선택하셔야 해요

성공하려면 미쳐야 해

이제 시작해야 합니다

이것을 선택하리라 생각합니다

정확하게 비교할 수 있어야 합니다

결정을 해야 합니다

포기하게 만들 겁니다.

열정을 타오르게 할 겁니다

끝까지 견디게 될 겁니다

이제 곧 멋진 자신의 모습을 볼 수 있을 겁니다.

만족스런 웃음을 볼 수 있을 겁니다.

이것보다 저렴한 가격을 찾는 것은 불가능할 겁니다.

Lesson 86-3

양식 작동 문장 만들기

예문의 아이디어를 얻어서 10개의 마인드 문장을 만들어 보세요.

1.

2.

3.

4.

5.

6.

7.

8.

9.

10.

Lesson 87

전제
Presuppositions

다른 사람 속에 이미 몇 가지 행동을 전제하거나 암시하는 말들

상대로부터 특정한 대답을 유도하게 되는데,
상대는 대답을 함으로써 특정한 기본가정을
암묵적으로 받아들일 수밖에 없게 됩니다.
상대는 자연스럽게 암묵적으로 제안하는 방향으로의 효과를 얻게 됩니다.

Lesson 87-2

전제된 언어 예문

다음 상담 약속은 무슨 요일에 잡을까요?
앞으로 내가 지시하는 대로 잘 따라 할 수 있을 것입니다
너무 빨리 들어가지 마십시오
서서히 들어감으로써
계속 흥미를 느끼세요
아직 집중하고 계신가요?
깊은 편안함을 느끼셨나요?
바로 집중해 주시겠습니까
많은 것을 배우고 있어요
자세히 말해 봐
운동에 집중하게 되면 기분이 어때?
친한 사이와 좋은 관계가 되기 위해선 무엇이 중요해
이 분야에서 원하는 것은 뭔데
이것이 좋은 이유를 알겠어?
여기에서 원하는 색상은 무엇입니까?
어떤 점이 마음에 드세요?
진짜 이유는 뭐야
좋은 이유는
어디서 보는 게 편해?
다들 이렇게 연락하면서 시작해

Lesson 87-3

전제된 문장 만들기

예문의 아이디어를 얻어서 10개의 마인드 문장을 만들어 보세요.

1.

2.

3.

4.

5.

6.

7.

8.

9.

10.

Lesson 88

부가의문문

저항을 막을 목적으로 문장 뒤에 부가적으로 묻는 질문.

상대가 '예'라는 대답을 쉽게 하는 3가지 모델로
현재 경험 맞추기, 예스 세트, 부가의문문이 있습니다.
마무리 멘트로 자연스럽게 첨부할 경우
웬만해선 '아니오'란 대답을 듣기 힘든 모델입니다.

Lesson 88-2

부가의문문 예문

할 수 있죠?
그렇게 생각하지 않나요?
그렇죠?
맞죠?
맞지 않아요?
그렇지 않습니까?
그렇지 않았습니까?
그렇지 않은가요?
그렇지 않을까요?
그럴 수는 없었을까요?
할 것이죠?
할 수 있죠?
하겠죠?
안 할 것이죠?
할 수 없죠?
하지 않겠죠?
않죠?
그렇게 해오지 않았습니까?
그래야 하지 않겠습니까?
동의하지 않습니까?

Lesson 88-3

부가의문문 문장 만들기

예문을 만든 뒤 부가의문문을 붙여 보세요.

1.

2.

3.

4.

5.

6.

7.

8.

9.

10.

Lesson 89

현재 경험 일치시키기

상대의 검정 가능한 외적인 경험을 그가 부정할 수 없는
방식으로 서술하고 표현하고 묘사하는 것

연금술사는 고객이 의자에 앉아 숨을 내쉴 때 이렇게 이야기합니다.
'의자에 앉아 숨을 내쉬면서 제 이야기를 듣고 있습니다.'
환경과 상황을 자연스럽게 일치시키며 이야기함으로써
심리적 동의를 이어 나갑니다.

Lesson 89-2

현재 경험 일치시키기 예문

비가 와서 비를 피하고 계시네요

책을 보면서 웃고 계시네요

화창한 날 과일을 고르고 계시는군요

핸드폰 케이스 이번에 나온 A브랜드네요

리본 달린 예쁜 구두네요

오늘은 한가하네요

오늘은 손님이 많으시네요

빠른 걸음으로 가시네요

날씨가 더운데 아이스커피 마시네요

어디 가시나 봐요

통화하면서 걸어가시네요

파라솔에 앉아 음료수 마시네요

모자 쓰고 우산 썼네요

가방 메고 엘리베이터 기다리네요

아까 표 끊는 거 봤는데 여기에 앉아 있네요

커피 마시면서 공부하나 봐요

Lesson 89-3

현재 경험 일치시키기 문장 만들기

예문의 아이디어를 얻어서 10개의 현재 경험 일치시키기 문장을 만들어 보세요.

1.

2.

3.

4.

5.

6.

7.

8.

9.

10.

Lesson 90

예스 세트

'예스'라고 대답하도록 질문하는 방법입니다.

현재 경험 일치시키기와 비슷한 듯하지만 조금의 차이가 있습니다.

둘 다 수동적으로 대답을 이끌지만

결코 '**no**'라고 할 수 없게 만드는 공통점이 있습니다.

현재 경험 일치시키기는 외부현상의 환경에 예스라고 하게 하지만

예스 세트는 내부현상으로 예스하게끔 합니다.

질문을 받는 사람은 자신에게 주어진 질문에 당연히 '예스'라고 할 수밖에 없는

대답을 하는 동안

'나를 이해해 주는구나'

'내 마음을 알아 주는구나'

'공감을 해 주는구나'

라고 느끼게 됩니다.

계속해서 예스를 이끌다 보면 접근 장벽이 무너지면서

웬만하면 어려운 제안에도 쉽게 예스라고 대답하게 됩니다.

Lesson 90-2

예스 세트 예문

학부형에게 –
자녀가 있으시죠?
자녀교육에 관심이 많으시죠?
자녀가 잘되시길 원하시죠?

어학원 수강 문의자에게 –
요즘엔 영어가 대세죠?
영어 공부에 관심이 많으시죠?
영어를 더 잘하고 싶으시죠?

사주를 보러 온 사람에게 –
자신을 더 알고 싶으시죠?
자신의 인생이 궁금하시죠?
앞으로 잘 될지 안 될지 궁금하시죠?

결혼 업체 회원에게 –
결혼 적령기시죠?
좋은 배우자를 원하시죠?
좋은 배우자를 만나고 싶으시죠?

헬스 트레이닝 고객에게 –
건강하길 바라시죠?
멋진 몸매를 갖게 되면 좋으시겠죠?
가능하다면 생각이 있으시죠?

Lesson 90-3

예스 세트 문장 만들기

예문의 아이디어를 얻어서 3개의 상황 예스 세트 문장을 만들어 보세요.

1. 자신이 하는 일이나 취급하는 상품에 대한 상황 문장을 만들어 보세요.
   -
   -
   -
   -

2. 한 명의 대상자를 선택한 후 대상자에게 맞는 상황 문장을 만들어 보세요.
   -
   -
   -
   -

3. 한 명의 대상자를 선택한 후 현재 경험 맞추기 + 예스 세트를 조합하여 상황 문장을 만들어 보세요.
   -
   -
   -
   -

Lesson 91

더블 바인더
Double Binder

대상자에게 두 가지 선택을 제시한다.
이때 두 가지가 다 대상자가 좋아하고 원하는 것이다.

상대방에게 선택을 주는 것처럼 보이지만 어떤 대답을 해도
내 의도대로 선택하게끔 하는 언어모델입니다. 그래서일까요?
가장 흥미 있어 하고 배우고 싶어 하는 언어모델이지만
간과해서는 안 될 일이 있습니다.
더블 바인더는 상대가 망설일 때 급소처럼 사용하는 것이지
생뚱맞게 '월요일과 수요일 중 언제 만날까요?' 하며
초보적인 접근은 피하시길 바랍니다.
(더블 바이더 사용하기 전 삭제언어 패턴이나
왜곡언어 패턴으로 래포 형성을 해주세요.)

Lesson 91-2

더블 바인더 예문

2시경과 3시경 몇 시쯤이 편하세요?

밥 먹기 전에 할 거야? 먹고 나서 할 거야?

계약금은 5%, 10% 중 어떻게 설정하시겠어요?

편하게 해. 이거 먼저 마셔

A부터 먹을래? **B**부터 먹을래?

A부터 먹을래? 아니다 **B**부터 먹어

A가 나오면 연락처 알려 주세요. **B**가 나오면 제가 알려 드릴게요

10페이지까지 할 거야? 아님 15페이지까지 할 거야?

천천히 해. 밥 먹고 하자

회의하자. 청소부터 할까?

사귀자. 만나다가 결정하든가

A제품과 **B**제품 중 구입을 하신다면 어떤 것으로 선택하시겠어요?

몇 개 사시겠어요?

검정과 회색 어떤 칼라로 드릴까요?

나랑 같이 할까? 혼자 할래?

흰색이 좋아? 검정이 좋아?

옵션으로 **A**타입이 나아? **B**타입이 나아?

현금과 카드 중에 카드가 편하시죠?

자꾸 생각나는 건 커피 때문일까? 라떼 때문일까?

라면은 꼬들꼬들하게 아니면 푹 익혀서?

Lesson 91-3

더블 바인더 문장 만들기

예문의 아이디어를 얻어서 10개의 진술의문문 문장을 만들어 보세요.

1.

2.

3.

4.

5.

6.

7.

8.

9.

10.

Lesson 92

의문문형 진술문(간접 명령어)
Conversational Postulate

형식적으로는 의문문 형태이지만 내용으로는 진술문적인 표현으로 상대방으로 무의식적으로 특정 반응을 이끌어내는 질문입니다.

내면적으로는 잠입명령문으로 상대방이 무엇인가 하기를 원한다면 가장 좋은 방법 중 하나입니다.

Lesson 92-2

의문문형 진술형(간접 명령어) 예문

지금 결정해 주시면 좋겠습니다

지금 곧 나가 주실까요

싫다면 나가 주시겠어요

친구를 위해 배려해 줄 수 있나요

이런 장면을 상상할 수 있나요

이제부터 정숙한 분위기를 유지해 줄 수 있을까요

이렇게 할 수 있기가 얼마나 쉽다고 생각하시나요

전에는 어떻게 구매하셨는지 기억할 수 있나요

추운데요/더운데요

안 하실 거죠?

지금 몇 시인지 알 수 있나요

효과가 있을 것같이 보이나요

지금 계약서에 서명할 준비가 된 것 같아요

이 제품들을 몇 가지 더 써 보고 싶지 않으세요

물 좀 주실 수 있으신지요

사람들을 위해 배려해 줄 수 있나요

새로운 도전을 위한 당신의 결단을 기대해도 될까요

이 물건을 빌릴 수 있나요

저는 어떻게 연락하면 되죠

적어 줄 수 있나요

Lesson 92-3

진술의문문 문장 만들기

예문의 아이디어를 얻어서 10개의 진술의문문 문장을 만들어 보세요.

1.

2.

3.

4.

5.

6.

7.

8.

9.

10

Lesson 93

선택 제약 위반
Selectional Restriction Violation

인간과 동물만 감정이 있는데 무생물을 의인화하는 문장.

커뮤니케이션을 하다 보면 숨겨진 메시지를 전하기 위해
은유, 우화, 스토리들을 활용하면서 무생물마저 말하도록 하게끔 활용합니다.
세일즈 현장에서는 상품 스스로 말하며
메시지를 전달함으로써 고객의 마음에 스며듭니다.

Lesson 93-2

선택제약 위반 예문

좋군요. 커피도 제 마음을 위로해 주네요

서명하십시오. 볼펜도 잘 했다고 할 것입니다

당신의 야생마(자동차 애칭)가 깨끗하게 목욕(광택)시켜 달라네요

노랑이(자동차 애칭)가 다치지 않게 후방카메라 달아 달라는군요

바위가 하는 말을 들을 수 있습니까

집이 잘 선택했다고 좋아하네요

집이 여길 선택해 달라고 이야기하는군요

이 제품이 속삭이는군요. 선택해 달라고요

시계도 잘 선택했다고 말하네요

구름이 꼭 제 마음 같네요

가로등마저 절 외롭게 바라보네요

그 길에 다다르면 당신에게 무슨 말을 할 거예요

Lesson 93-3

선택제약 위반 문장 만들기

예문의 아이디어를 얻어서 10개의 선택제약 위반 문장을 만들어 보세요.

1.

2.

3.

4.

5.

6.

7.

8.

9.

10.

Lesson 94

언어술의 수준을 높이려면

지금까지 연금술 언어의 재료 18가지 모델을 살펴보았습니다.
아무리 똑같은 재료를 가지고 요리를 하더라도
맛과 멋, 수준의 차이는 크게 나타납니다.
이제는 이 훌륭한 재료를 가지고 어떻게 요리를 할 것인지 생각할 때입니다.
당신이 아는 가장 강력한 상담법이나 커뮤니케이션에서
이 언어 모델을 벗어나는 것은 없습니다.
유명하다는 240개가 넘는 상담법을 배우러 다닐 필요가 없습니다.
연금술의 언어 모델을 가지고 구조, 순서, 패턴을 효용적으로 만들었을 뿐입니다.
연금술의 재료는 다 가지고 있습니다.
연금술사로서 연금술의 수준을 끌어올려야 합니다.
이제 높은 수준의 언어술로 가보겠습니다.

Lesson 95

마법의 언어술
(중첩된 계단 언어)

이번에 소개할 대화기법은 평범한 대화 속에서 마치 최면에 걸린 듯 강력한 인상을 남기는 대화술입니다. 너무나 강력해서 소수에게만 전해지며 소수만이 강력히 사용하는 언어술입니다.

약 10년 전쯤 포춘 100대 기업에서 채택하는 교육법을 무의식적 원리와 최면언어로 강의하는 트레이닝을 받기 위해 해외에 나간 적이 있습니다. 얼마나 환상적이었는지 1,100만 원의 경비가 드는 세미나였지만 똑같은 세미나를 참가하기 위해 4년 연속 참가했고, 녹음해 온 강의 내용을 4년 내내 들었으며 지금도 가끔 듣습니다. 알아도 알아도, 들어도 들어도 듣고 싶은 강의입니다. 이 세미나에 참석하기 위해 세계각지에서 모여들었고 포춘 100대 기업에 임원, 강사, 목사분들이 참석했습니다. 그러나 이분들은 지금 알려드릴 언어기술처럼 말하고 강의하고 설교하고 싶어 했지만 다시 한국에 돌아와서는 사용하질 못했습니다.
곧 자신의 언어습관으로 돌아갔기 때문입니다.

다행이었던 건, 저는 내성적이고 수줍음이 많은 데다가 아무것도 아니었기에 대화와 강의는 이렇게 하는 것인지 알고 그대로 습득하게 됐습니다. 이제는 이렇게 대화하거나 강의를 하지 않으면 이상할 정도로 습관이 뱄습니다.
몇 년이 지나서 어떻게 알았는지 참가했던 목사님이나 유명한 강사님들이 이 언어기술을 터득하고 싶다고 토로합니다.
무의식적 능력으로 나올 때까지 의도적인 연습밖에는 없습니다.
당신이 연금술에 가까운 강력한 언어기술을 갖고 싶다면 꼭 습득하시길 바랍니다.

Lesson 95-2

마법의 언어술 2

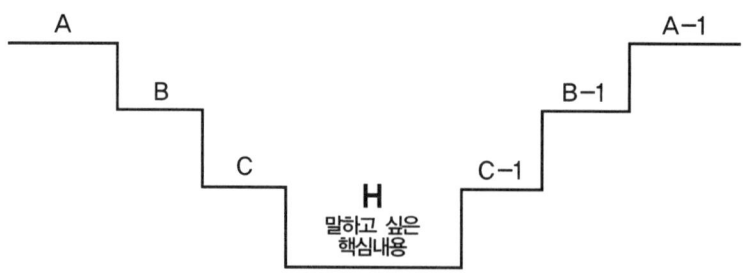

우선 주제가 정해졌다면 하고 싶은 핵심 2문장은 H지점에 배치시킵니다.

주제에 맞고 핵심 문장을 뒷받침할 스토리(우화, 개인 이야기, 사건 등) 3가지를 준비합니다.

가장 중요하고 클라이맥스 부분 문장을 2~3문장으로 압축시켜 봅니다.

나머지 스토리 2~3문장으로 압축하여 적어 봅니다.

처음 연습할 때 중요 포인트는 스토리가 4~6문장으로 만드는 것입니다.

방대하고 중요한 이야기에서 불필요한 말들을 걷어내고 총 6문장에서

A지점에 3~4문장-B지점에 2~3문장으로 배치하는 것이 핵심 포인트입니다.

이 마법의 언어술은 무의식 마음의 주요원리로 이루어져 있습니다.

스토리를 3가지 준비하는 이유는 개인의 경험이기 때문에 비판할 수도 없지만 무의식의 역학은 게슈탈트이론에 의해 가장 효율성이 있기 때문입니다.

의식적인 관점에서 보면 스토리를 A부분과 B부분으로 나누는 이유는

인간인 이상 대화를 듣게 되면 생리학적으로 내용을 구분하여 수집, 정리합니다.

마치 시리즈물을 보며 중요한 순간에 '다음 편에 계속'이 나오면 다음 내용을 궁금해하듯 이야기를 하다 자연스럽게 다음 스토리로 넘어가게 되면 무의식적으로 수집을 하고 정리를 해야 하는데, 수집과 정리가 안 되었기에 무의식적으로 확장된 상태가 됩니다.

개인의 스토리는 비판할 수 없고

게슈탈트 이론에 의해 3가지의 내용이 전달되어 받아들일 확률이 높아졌고 핵심을 이야기하고 나머지 내용을 함으로써 무의식은 그때서야 수집, 정리가 되어 이 전체 내용을 가장 효율적으로 흡수시킵니다.

이러한 대화술을 익힐 경우 알아도 알아도, 들어도 들어도 듣고 싶은 커뮤니케이터가 될 것입니다.

Lesson 95-3

마법의 언어술 익히기

이 기술을 처음으로 익히기 위해서는

즉흥적으로 하는 것이 아니라 미리 준비하고 연습을 해둡니다.

그러다 자연스럽게 대화해 보고 수정, 보완하면서 다듬어 나갑니다.

열 가지 유형의 마법을 준비해 놓으시기 바랍니다.

Lesson 95-4

예문

모션 맞추기로 예문을 만들어 봤습니다.

실제 강의에서 하는 방식입니다.

예문을 참고하여 아이디어를 얻길 바랍니다.

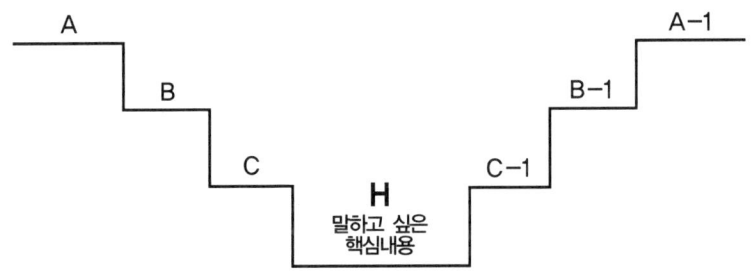

A - 신입사원에게 월급 외 따로 15일간 1,000만 원이 넘는 세미나를 보내 줍니다. 얼마나 유능하길래, 어떤 비법이 있길래 그런 혜택을 받을 수 있는 것일까요?

B - 교육담당자를 만나면 저는 항상 모션 맞추기부터 합니다. 커피숍에서 만나 대화를 하다 깜짝 놀랐어요. 서로 드러눕다시피 완전히 모션 맞추기가 되어 있는 겁니다.

C - 카페에 갔다가 마음에 드는 이성을 보고 똑같은 자세로 인사를 건네고 연락처를 물었습니다.

H - 모션 맞추기는 무의식적 친밀감을 쌓기 위해 꼭 해야 하는 필수적인 래포기술입니다.

C - 1 카페에서 만난 이성과 서로 인사를 나누고 자연스럽게 연락처를 교환했습니다.

B - 1 교육담당자와는 너무 편안하게 많은 대화를 나누었고 따로 3번을 더 만났습니다.

A - 1 신입사원의 비법은 면접, 고객을 만나면 항상 모션 맞추기를 하는 것이었습니다.

* 관련된 개인 스토리, 사건, 우화 찾는 것에서 시작합니다.
자신의 생각과 선택한 이야기여서 쉽게 하실 수 있습니다.

Lesson 95-5

1) 여행의 좋은 점

여행의 경험과 좋은 점의 생각을 정리해서 만들어 봅니다.

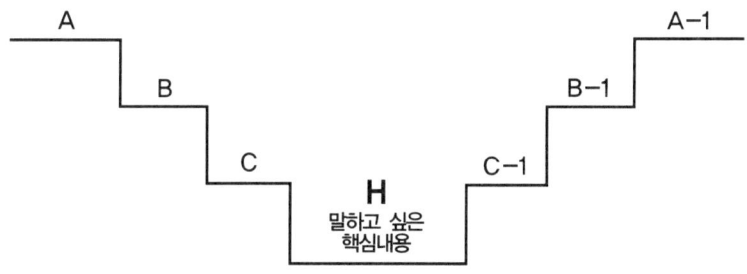

Lesson 95-6

2) 취미의 좋은 점

자연스럽게 자신의 취향이나 취미에 대해서 작성하고 취미생활로 인한 기쁨, 만족도 중요성에 대해서 이야기합니다.

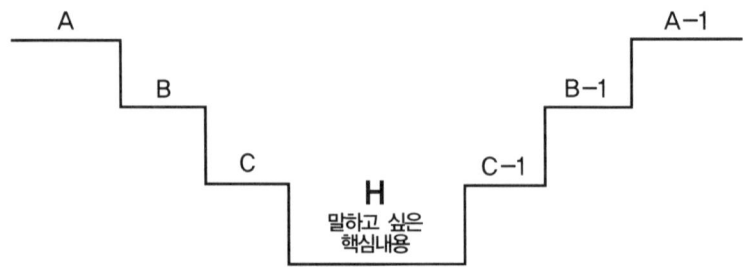

Lesson 95-7

3) 좋은 관계의 중요성

좋은 관계로 인한 경험, 에피소드를 자연스럽게 대화하면서 지금 앞에 있는 상대에게 좋은 관계로 이어지는 암시로 작용됩니다. 좋은 관계의 중요성에 대해 작성해 보세요.

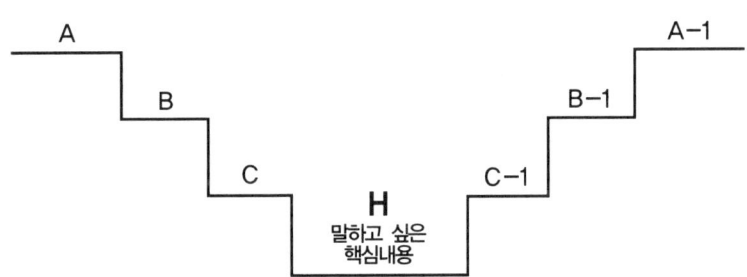

Lesson 95-8

4) 음악에 대해서

자신이 좋아하는 기쁠 때, 감동받을 때,
위로받을 때 듣는 음악의 취향과 곡을 공유하면서
대화할 수 있게끔 작성해 보세요.

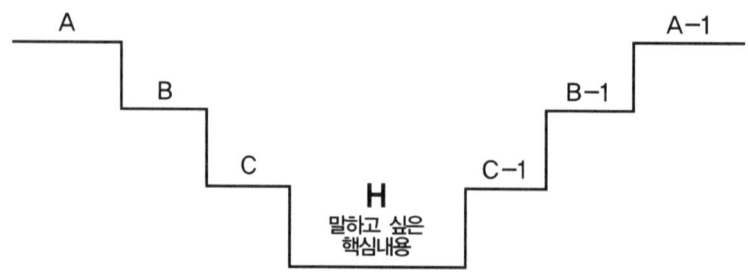

Lesson 95-9

5) 성공의 경험

자신의 경험과 성취의 경험을 이야기하고 공유하면서
자신감을 어필하고 긍정적인 좋은 인상을 남깁니다.

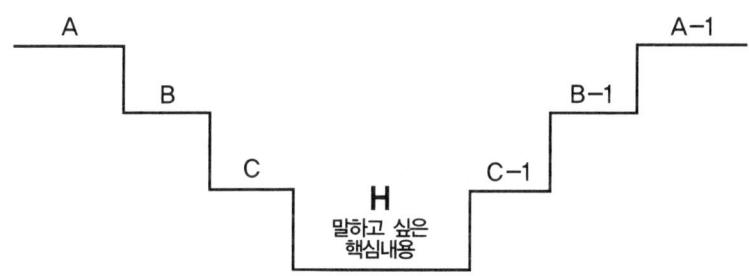

Lesson 95-10

6) 실패의 교훈

실패를 어떻게 극복했는지 교훈을 얻어 어떻게 변화했는지를 작성하고 지혜를 나누고 공감합니다.

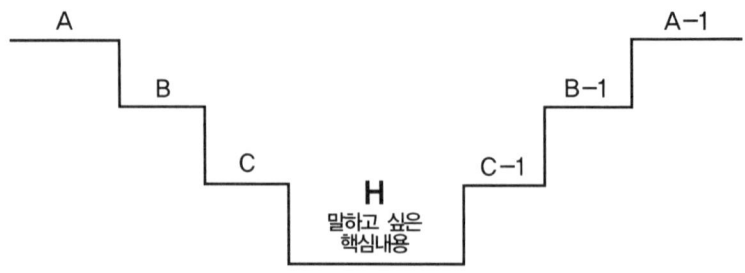

Lesson 95-11

7) 행복한 삶

자신이 생각하는 행복한 삶은 무엇인지,

행복했던 때나 조건, 깨달음, 방향성에 대해서 이야기하고 공유합니다.

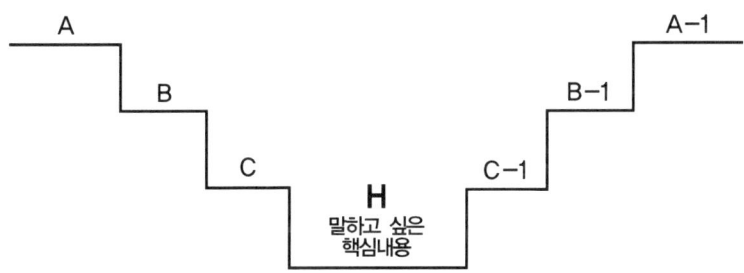

Lesson 95-12

8) 자신의 일

자신의 소개, 하는 일, 하는 일의 만족도나 강점을 작성해 봅니다.

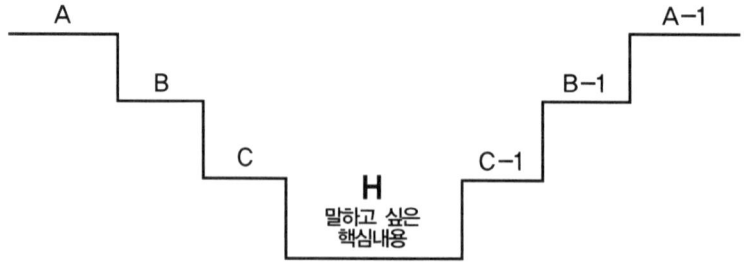

Lesson 95-13

9) 비전

자신의 비전을 이야기하고 포부를 밝히는 말이나 모습은 멋지게 보입니다.
생각을 정리해서 작성해 보세요.

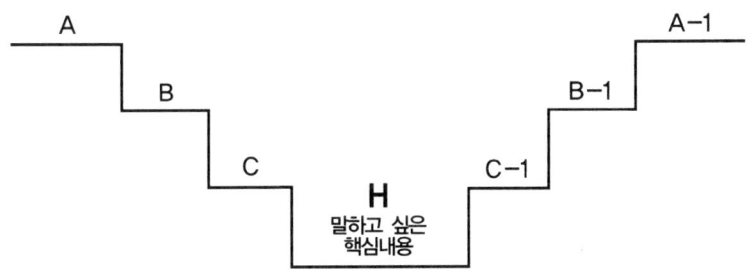

Lesson 95-14

10) 의미 있는 삶

자신이 가진 가치, 의미에 대해서 작성한 뒤 말해 보고 공유합니다.

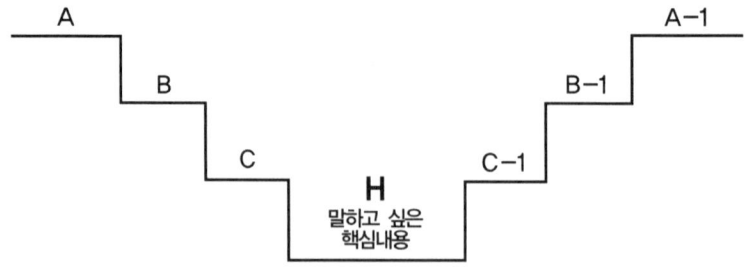

Lesson 96

연금술 적용하기

참 재미있는 일이 있었습니다.
자산 컨설팅으로 1조 원 이상의 수익을 낸 리처드 데니스는 어느 날 갑자기 자신의 트레이딩 기법을 무료로 알려 주겠다는 광고를 냈습니다.
전설적인 트레이더가 1조 원 넘게 수익을 내고 있는 기법을 직접 알려 준다니 반신반의하면서도 많은 사람들이 몰렸습니다.
너무나 많은 사람이 모여 선별하기 위해 인터뷰를 할 수밖에 없었습니다.
후보생들의 성품을 파악하고 자신의 트레이닝 기법이 도움 될 것인지 해가 될 것인지를 판단하기 위해 질문을 했습니다. 질문의 일부입니다.

당신이 좋아하는 책 또는 영화는 무엇입니까?
당신이 좋아하는 역사적 인물은 누구입니까?
당신은 왜 트레이너로 성공하고자 합니까?
당신이 한 일 중 위험한 일은 어떤 것이 있습니까?

여기서 중요한 것은 답변이 아니라 답변의 이유입니다.

누군가에게 "당신의 진정한 의도는 무엇입니까?"라고 질문을 한다면 일반적으로 대답하기가 힘듭니다. 하지만 이런 질문을 통한다면 성향, 욕구, 의도, 전략 등이 고스란히 드러나게 됩니다. 특히나 요즘은 자신을 드러내지 않으려 하거나 숨기는 경우도 많습니다. 하지만 깊고 빠른 커뮤니케이션을 위해 대화 속에서 맥락에 맞는 질문을 삽입하여 상대의 스타일을 파악하도록 합니다.

Lesson 97

연금술의 질문들

- 보물 1호는?
- 에너지를 충전하는 나만의 방법은?
- 자신을 동물로 비유한다면?
- 나와 100% 똑같은 사람을 만난다면 어떻게 느껴지나요?
- 나의 로망은?
- 자신을 색으로 표현한다면?
- 먼 훗날 당신의 장례식에서 사람들에게 듣고 싶은 말은?
- 사랑하는 사람에게 해주고 싶은 요리는?
- 내 미래에서 가장 궁금한 것은?
- 학창시절 가장 열정을 쏟은 일은?
- 내 인생에서 가장 큰 영향력을 끼친 사건은?
- 타임캡슐에 넣고 싶은 5가지는?
- 갖고 싶은 습관은?

대화 중 자연스럽게 적절히 첨가하여 대화를 나누어 보세요.
주의할 점은 이유가 추상적이거나 큰 덩어리로
나올 때 좀 더 세밀한 질문이 필요하며
너무 추궁하는 것은 피하도록 합니다.

우리는 지금까지 언어를 배워 왔습니다.
단순히 한 가지 모델로만 사용하지 말고 복합적으로 적용해 봅니다.

Lesson 98

연금술 생활예문

상황예문)

강아지를 산책시키는 상대에게 말을 걸어 볼까요?

I: 안녕하세요. 강아지와 산책하시네요?

Y: 네.

I: 조금 전 강아지 껴안는 걸 봤어요.
강아지 좋아하시나 봐요?

Y: 네. 강아지 좋아해요.

I: 오늘 날씨가 너무 좋죠?

Y: 네. 날씨가 좋네요.

I: 동물을 좋아하는 것 같은데 어떤 동물을 가장 좋아하세요?

Y: 저는 강아지가 좋아요. 비숑프리제가 제일 좋아요.

I: 비숑프리제를 좋아하시는군요. 저도 좋아해요. 어떤 부분에서 비숑프리제가 좋아요?

Y: 음… 착하고 귀여운데 은근히 매력 있어요.

– 중략 –

I: 아시죠? 대화를 나누어 보니까 착하신 분 같은데 은근히 매력 있으세요.

Y: 그런가요. 하하… 감사합니다.

Lesson 98-2

편안하고 자연스러운 대화죠. 대화를 풀이해 보겠습니다.

I: 안녕하세요. 강아지와 산책하시네요? (현재 경험 맞추기죠. '예'라고 할 수밖에 없는)

Y: 네.

I: 조금 전 강아지 껴안는 걸 봤어요. (예스 세트 진입)
강아지 좋아하시나 봐요? (예스 세트로 중간)

Y: 네. 강아지 좋아해요.

I: 오늘 날씨가 너무 좋죠? (예스 세트로 '예'라고 할 수밖에 없습니다.)

Y: 네. 날씨가 좋네요.

I: 동물을 좋아하는 것 같은데 어떤 동물을 가장 좋아하세요? (정체성 질문입니다.)

Y: 저는 강아지가 좋아요. 비숑프리제가 제일 좋아요.

I: 비숑프리제를 좋아하시는군요. 저도 좋아해요. 어떤 부분에서 비숑프리제가 좋아요? (단어 맞추기를 하면서 좋아하는 이유를 묻습니다.)

Y: 음… 착하고 귀여운데 은근히 매력 있어요. (비숑프리제를 좋아하는 이유는 다 다른데 왜 이런 대답을 했을까요? 자신이 선호하는 관점이 나오기 때문입니다.)
– 중략 (바로 상대에서 나온 키워드로 칭찬하기엔 사탕발림 같으니 잠시 뒤에 사용할게요.)

I: 아시죠? (삭제된 언어를 사용해서 무엇을 아는지 잠재의식이 확장됩니다.)
대화를 나누어 보니까 착하신 분 같은데 은근히 매력 있으세요.
(상대가 가장 좋아하는 키워드로 동일화시키니 다른 칭찬보다 더 기분이 좋겠죠. 물론 신발이 예뻐요, 빨간색이 잘 어울려요 등도 괜찮지만 신발이나 빨간색을 칭찬하기보다는 정체성의 칭찬하는 것을 가장 좋아합니다.)

Y: 그런가요. 하하… 감사합니다.

상황예문 2)

Y: 청록색 모델 있나요?

I: 청록색 찾으세요? 일반적인 색상은 아닌데 청록색을 좋아하시나 봐요?

Y: 네. 세련되고 관록 있어 보이거든요.

I: 세련되고 관록 있으시면 당연히 A모델이죠. 그렇지 않나요?

Y: 네. 그렇죠. 그런데 가격이 비싼데요.

I: 네. 저렴하지는 않습니다. 그리고 이 제품을 사용하시는 분들은 저렴하다고 하세요.
　　세련되고 관록 있으신 분들은 모두 만족합니다. 청록색 좋으시죠?

I: 네.

Y: 카드로 할 경우 무이자 6개월 혜택에 부담도 없습니다.
　　3개월이 좋으세요? 6개월이 좋으세요?

I: 6개월이 좋습니다.

Lesson 98-4

Y: 청록색 모델 있나요?

I: 청록색 찾으세요? 일반적인 색상은 아닌데 청록색을 좋아하시나 봐요?

  (청록색을 찾는 이유를 찾습니다. 정체성이나 선호하는 것을 찾는 작업이니까요.)

Y: 네. 세련되고 관록 있어 보이거든요.

I: 세련되고 관록 있으시면 당연히 A모델이죠.

  (자신의 정체성인 선호도와 제품을 동일한 것으로 묶습니다. 복합적 동의성 모델입니다.)

  그렇지 않나요? (질문으로 묻지만 동의를 묻는 모델입니다.)

Y: 네. 그렇죠. 그런데 가격이 비싼데요.

I: 네. 저렴하지는 않습니다. (언어순화)

  그리고 ('하지만'이라고 하지 않고 상대의 말도 동의하면서 자연스럽게 자신이 하는 말을 삽입하면 상대는 저항하기가 어렵습니다. 자신의 말도 동의했고 상대의 관점을 이야기한 것이니까요.)

  이 제품을 사용하시는 분들은 저렴하다고 하세요.

  (일반화로 묶어서 다른 사람들은 비싸다고 하지 않는데 당신은 비싸다고 하느냐를 제3자로 돌려서 기분 나쁘게 하지 않음.)

Y: 세련되고 관록 있으신 분들은 모두 만족합니다. 청록색 좋으시죠?

  (상대의 정체성과 일반화를 묶어 구매한다는 전제하에 확인합니다.)

I: 네.

Y: 카드로 할 경우 무이자 6개월 혜택에 부담도 없습니다.

  3개월이 좋으세요? 6개월이 좋으세요?

  (구매한다는 것이 전제되어 있지만 또 3개월이나 6개월 중에 어느 것을 선택해도 구매한다는 것이 전제된 더블 바인더입니다.)

I: 6개월이 좋습니다.

Lesson 99

연금술사의 유령술

지금까지 공개했던 기법은 유령 같은 기법들이었습니다.
의식적인 기법이 아니기에 연금술의 지식을 가지고 있지 않은 분이라면
의식적으로 기법을 알려 준다 해도 대수롭지 않게 생각할 것입니다.
하지만 현실적인 차이의 결과는 크게 나타납니다.
여러분이 어떤 가수의 노래를 듣고 크게 감동한 노래를 활자로 표현하고
누군가에게 전해 준다면 전해 받은 사람은 그 감동을 느끼기 힘들 것입니다.
마찬가지로 무의식적인 기술을 의식적인 활자로 옮기면서 얼마만큼 전해지고
받아들여질지는 다 다르겠지만 세상이 내놓은 과학적인 기술과 연구로 이루어진
기법을 활용해서 실제로 마법과 같은 결과를 내는 것을 간추렸습니다.

강의를 할 때 **A**카드와 **B**카드를 선택하게 하고 무엇을 선택했을지
PPT 화면에 미리 준비해 둡니다. 선택을 하는 당사자도 어떤 카드를 선택할지
모르는데 미리 강의 전 화면을 만들어 둡니다.
몇몇 분들은 마술처럼 트릭이 있을 것이라고 생각하시는 분들도 있습니다.
전혀 그렇지 않습니다. 상대가 카드를 선택하지만
무의식적으로 카드를 지정하라고 하나의 신호를 미리 줍니다.
그러면 여지없이 그 카드를 선택하고 당사자는
스스로 자기 자신이 선택했다고 생각합니다.
제가 기법의 노하우를 알려드리면 '이거 가지고?' 하는 표정을 짓기까지 합니다.
그러나 모든 과정을 다 마치고 실제 경험하면서는 호흡도, 눈동자도,

무심코 말도 못 내뱉겠다고 하시는 분들이 많습니다.
얼마나 심리적 조작을 당할 수 있는지, 호흡과 눈동자 움직임에도
자신의 전략이 노출돼서 활용될 수 있는지에 깜짝 놀라시는 분들이 많습니다.

지금 공개할 기법은 가장 유령 같은 기법이면서도
가장 강력하게 사용할 수 있는 기술입니다.
정치가나 사상가를 세뇌하고 고문하는 기술로도 사용되어 왔고
CIA 같은 기관에서도 활용합니다.
전문가만이 유령처럼 강력히 사용하는 기술이기도 하고
저의 노하우 중에 하나여서 공개 여부를 고심했습니다.
너무나 강력하고 무서운 기술이라 원리와 힌트만을
알려드릴 수밖에 없음을 알려드립니다.
하지만 조금만 생각을 곱씹는다면 쉽게 풀 수 있을 겁니다.

예전 복권 광고 중에 이런 문구가 있었습니다.

모르셔도 좋아요 - 일 나가신 엄마 아빠 대신 아이들을 돌보는 누군가 있다는 것을
모르셔도 좋아요 - 다문화가정에 웃음을 찾아주는 누군가 있다는 것을
모르셔도 좋아요 - 소외지역에 문화를 전파하는 누군가 있다는 것을

참으로 재밌는 문구입니다. 몰라도 된다면서도 내용은 말하고 반복적으로 문장을
사용합니다.
정말 몰랐으면 해서 광고를 하는 것일까요??

Lesson 99-2

하루 중 중요한 순간만 생각하세요.
도착했을 때의 즐거움만 생각하세요.
이 순간의 고요함만 생각하세요.
셔터를 누르는 순간만 생각하세요.
축제의 짜릿함만 생각하세요.
변덕스러운 날씨도 당신의 ○○○○도 생각하지 마세요.

위 문장은 아웃도어 광고문구입니다.
'생각하세요'라고 패턴을 만들어 놓고 중요한 부분에서는 생각하지 말라고 합니다.
브랜드를 광고하면서 광고의 브랜드를 생각하지 말라고 합니다.
비싼 광고를 하고 막대한 마케팅비용을 들이는데
자신의 브랜드를 생각하지 말라고 합니다.
정말일까요?

무의식의 주요원리 중
'부정어를 처리하지 않는다'가 있습니다.

빨간색을 무서워하니까 "절대 생각하지 마"라고 이야기를 해도
상대는 빨간색을 듣는 즉시 생각하게 됩니다.
의식적으로 이제 빨간색을 생각하시 말아야지 하면서 빨간색을 생각하게 됩니다.

이제 감이 오시나요?
상대가 원지 않아도 부정어를 처리힐 수 없기에 전략적인 언어를 구사한다면
이 원리를 활용해서
좋은 감정을 유발시킬 수 있고
신뢰감을 줄 수 있고

성적인 상태를 만들 수 있고

구역질 나는 상태를 만들 수 있고

최면을 걸 수도 있고

세뇌를 할 수도 있고

관계를 파괴시킬 수도 있고

원하는 상태를 만들 수 있습니다.

이렇게 연금술의 언어는 유령처럼 알 수 없지만 무서울 만큼 강력합니다.

Lesson 100

연금술사의 길

나아가십시오.

수많은 환경과 여러 사람들을 만나 연금술을 펼치며 나아가십시오.

연금술을 펼치며 저항을 극복하고 힘이 증가되고 있다는 느낌을 느껴 보세요.

모든 것에 아름답고 충만함을 느끼며 감탄하세요.

사실 아름답고 충만함을 느끼며 감탄을 선사한 장본인은 자기 자신입니다.

당신은 그러한 존재입니다. 당신은 당신이 되십시오.

삶의 최고정수는 삶이 영원히 반복된다 해도 지금처럼 사는 것입니다.

의도를 이루는 진정한 행복으로 채우세요.

당신은 연금술사가 되고 연금술의 프라이빗 레슨을 받았습니다.

레슨은 끝났지만 진정한 연금술은

당신의 삶 속에서 발휘되어야 하고 발휘될 것입니다.

인생을 예술로 만드십시오. 그것이 당신이 되는 길입니다.

연금술사의 길을 떠나십시오.

연금술사의 언어술 프로그램

커뮤니케이션 과정

7H 14H 21H

연금술사의 언어술로 커뮤니케이션할 수 있는 과정입니다

- 래포 5가지 기술
- 상대 심리의도 파악
- 의도 연결 패턴 언어술

〈과정목표〉
강력한 래포기술과 언어술을 자연스럽게 사용합니다

스크립트 과정

7H 14H 21H

연금술사의 언어술을 비즈니스 또는 생활 대화 스크립트로 작성하는 과정입니다

- 연금술 언어 모델 20가지 패턴 이해
- 연금술 언어 모델 20가지 사용한 스크립트 작성
- 연금술 스크립트 습득 훈련

〈과정목표〉
자신이 의도하는 바를 전문적인 언어술로 작성합니다

스피치 과정

7H 14H 21H

연금술사의 언어술로 스피치 하는 과정입니다

- 연금술 발표 상태 유지하기
- 발표훈련 및 피드백 활용
- 스피치 구조 장악하기

〈과정목표〉
스피치 능력을 최대치로 발휘하게 됩니다

세일즈 과정

7H 14H 21H

연금술사의 언어술로 세일즈 하는 과정입니다

- 세일즈 기법 이해하기
- 세일즈 스크립트 작성하기
- 세일즈 트레이닝

〈과정목표〉
세일즈 기법을 실제 현장에서 능숙하게 발휘하게 됩니다

연금술사의 언어술을 전문적으로 트레이닝 받아

101가지 레슨을 완성하시길 바랍니다.

프로그램 문의
master4679@naver.com